U0487948

建筑经济管理与实践

张　瑾　鲁小斌　陈宏楚　著

吉林科学技术出版社

图书在版编目（CIP）数据

建筑经济管理与实践 / 张瑾，鲁小斌，陈宏楚著
. -- 长春：吉林科学技术出版社，2023.3
ISBN 978-7-5744-0192-1

Ⅰ．①建… Ⅱ．①张… ②鲁… ③陈… Ⅲ．①建筑经
济—经济管理 Ⅳ．① F407.9

中国国家版本馆 CIP 数据核字（2023）第 057294 号

建筑经济管理与实践

著　张　瑾　鲁小斌　陈宏楚
出 版 人　宛　霞
责任编辑　王运哲
封面设计　树人教育
制　　版　树人教育
幅面尺寸　185mm×260mm
开　　本　16
字　　数　240 千字
印　　张　11
印　　数　1–1500 册
版　　次　2023年3月第1版
印　　次　2023年10月第1次印刷

出　　版　吉林科学技术出版社
发　　行　吉林科学技术出版社
地　　址　长春市福祉大路5788号
邮　　编　130118
发行部电话/传真　0431-81629529 81629530 81629531
　　　　　　　　　　　　81629532 81629533 81629534
储运部电话　0431-86059116
编辑部电话　0431-81629518
印　　刷　廊坊市印艺阁数字科技有限公司

书　　号　ISBN 978-7-5744-0192-1
定　　价　65.00元

前　言

　　在我国经济快速发展的今天，建筑业以其发展带动其他行业共同发展，并且在一定程度上提高了人民的生活水平。中国经济不断地向现代化发展，建筑行业也要走现代化道路。目前我国政府研究的重点课题是经济与生态如何平衡发展，生态与经济之间的问题一直是研究的重点，如何在保证生态的同时发展经济是一个难题。建筑行业在获得更高的经济效益的同时，也需要更多地考虑建设成本和工程质量，力求使用最小的成本获得更大的经济效益，不但要加快建设速度，还要把握好质量问题。

　　为适应我国市场经济体制改革，传统建筑企业必须不断完善自身管理体制，实现经济转型，才能不输给激烈的市场竞争。当前，虽然我国经济高速增长有所变缓，经济进入新常态，但是经济依然保持平稳增长。建筑经济的发展势头也是一片大好，导致建筑企业之间的竞争越来越激烈。因此，建筑企业要想在如此激烈的竞争中生存下去并获得一定的优势和地位，就需要提高建筑经济的管理水平，规范招投标过程，进而促进自身发展，实现经济效益和自我价值。基于此，本书探讨建筑经济的管理现状，提出促进建筑业经济健康发展的有效对策。

　　进入21世纪，创新是各个领域发展的原动力。建筑企业也不例外，建筑企业想要在激烈的市场竞争中取得更好的发展必须转变思维，在建筑经济管理的同时符合企业发展需求，创新经济管理战略方向。通过两者的结合，深入了解实际经济竞争环境和形势变化，并将其纳入企业的经济管理方向中，抓住机遇，在激烈的市场竞争中取得立足之地，壮大自身的力量。

　　在建设项目管理中，经济管理环节不能忽略，因此要注重经济管理的有效实施，采用科学、安全、有效的管理方法，提高建设经济管理的规范和标准。建筑企业要及时发现经济管理过程中出现的问题，并及时采取合理的措施解决问题，促进建筑业的可持续发展。所以，建设建筑经济管理体系，完善企业经济管理模式是企业的当务之急，只有这样才能提高企业自身的经济效益和社会影响力。

目 录

第一章 建筑经济学导论

从 20 世纪 70 年代末开始，我国经济开始了快速增长。从城市到乡村，从市政到居所，只见一座座办公楼、住宅楼、商业大厦、电站、厂房等，如雨后春笋般不断拔地而起；高速公路、城际铁路如蟠龙银蛇，蜿蜒伸展在祖国大地上；水利枢纽更像串串明珠，点缀在江河峡谷之间。所有这些人们自然会想到建筑工人，想到建筑业。

建筑活动是人类的基本活动。建筑业发展到今天，已经成为国民经济体系中极为重要的一个组成部分。建筑活动对于国民经济的增长、人民生活水平的提高、国力的增强和社会的发展都做出了重要的贡献。

本章将探讨建筑经济与建筑经济学的基础与根本出发点。

第一节 国民经济和经济学

一、国民经济

国民经济是一个国家社会经济活动的总称，它是由互相联系、互相影响的经济环节、经济层次、经济部门和经济地区构成的。其中，经济环节指的是生产、交换、分配、消费各环节；经济层次指的是宏观经济、中观经济、微观经济各层次；经济部门指的是工业、农业、建筑业、商业、通信、文化、教育、科研等生产部门和非生产部门；经济地区指的是国内不同经济区域以及国与国之间的经济区域和国际性区域。国民经济又称为经济体系，它突出强调经济的整体性和联系性。

在所有的经济活动中，生产活动占据了首要地位。生产是人类赖以生存的第一活动，也是经济社会得以发展的首要源泉。人们希望在享用更多更好的产品和服务的同时，还希望有舒适幽雅的环境和轻松愉快的心情，所有这一切要靠国民经济的发展和大自然的恩泽。

然而人类的生产活动又未曾不是对大自然的开发与攫取，越来越多的自然资源变成了人造物和低势热能。人类向自然界索取得越多，失去的自然福利也就越多。好在人类已经认识到，必须改变和限制盲目的经济活动，否则，自然资源必将耗尽。20 世纪 90 年代提出的"既满足当代人的需要，又不损害后代满足其需要的能力的发展"的可持续发展战略，就是为了避免这种命运。人类在有限的自然资源和亟待满足的多种需要面前，不得不研究经济的问题。

二、经济学的基本范畴及其研究的基本问题

（一）经济、稀缺性与经济学的基本范畴

要理解经济学，首先必须知道经济的概念。一般情况下，将数量稀缺、需要通过劳动或其他代价才能取得的物品，称为经济品，价格为正；将数量丰富、不需要任何代价就能取得的物品，叫自由品，价格为零；数量日增、必须付出一定代价才能去掉的物品，叫有害品或废品，价格为负。所谓经济，就是在一定的社会中，人类有效地取得和利用各种经济品的一切活动。经济学的产生源于一个前提条件，即资源的稀缺性。

所谓资源稀缺，是指用来生产人们所需要的物品或劳务的资源，相对于人类无限的、永无止境的欲望来说，总是呈现不足或稀缺的状态。稀缺性在一般日常的意义上是指"物资的不可获得性"，但是在经济文献中，稀缺性意味着"可用的数量不够满足全部的需要和欲望"。

西方经济学家把经济学定义为：一门研究人们如何使用相对稀缺的资源来满足无限的需求的社会科学。英国经济学家 L. 罗宾斯给经济学所下的一个经典定义就是："经济学是一门科学，它把人类行为作为目的与可以有其他用途稀缺资源之间的关系来研究。"美国出版的权威著作《国际社会科学百科全书》给经济学下的定义是："按广泛接受的定义，经济学是研究稀缺资源在无限而又有竞争性的用途中间配置的问题。它是一门研究人与社会寻求满足他们的物资需求与欲望的方法的社会科学，这是因为他们所支配的东西不允许他们去满足一切愿望。"

综上所述，经济学就是研究如何有效地利用各种可供选择的有限资源，以求人类现在和将来无限欲望的最大满足的一门学科。它研究人和社会如何进行选择，来使用可以有多种用途的稀缺资源以生产出各种商品，并在现在或将来把商品分配给社会的各个成员或集团以供消费之用。

经济学是解释人类行为的科学。经济学的基本范畴包括三部分。

第一，在知道有关的局限条件（constraints）或游戏规则（这就是产权制度或人与人之间的权利划分）的情况下，可以推断所用的竞争准则是什么。

第二，在具有竞争准则的前提下，经济学可以推断人的行为会怎样，资源的使用会怎样，财富或收入的分配会怎样。

第三，解释游戏规则是怎样形成的。

（二）经济学研究的基本问题

经济学研究的基本问题，具体来说，就是要解决五个基本问题，即五个 W。

1. 生产什么（what）

一种经济资源可有多种用途，有多种组合，通称机会集合。由于各国资源禀赋不同，生产什么，生产多少，都有其最优组合。假如以大米作为民用品代表，以大炮作为军用品代表。如果一国经济资源只生产两种产品，那么增加一种产品的产量，就必须减少另一种产品的产量。一种产品增产一个单位所必须减少的另一种产品的产量，称为边际转换率，即生产可能性曲线的斜率（绝对值）。由于各种资源都有其适用性，如果一味增加一种产品的生产，其边际转换率会不断增大，因此，生产可能性曲线通常凹向原点。

2. 怎么生产（how）

同一种产品的生产，可以采用不同的技术、材料和工艺，或是劳动密集型，或是资本密集型。增加一种产品的产量，可以通过增加投入的粗放方式，也可以通过改进技术的集约方式。实践表明，由于技术不同，一定投入的生产效率可以相差几倍乃至几十倍。在现代化生产中，技术进步是决定性因素，发达国家的经济增长有 50%~80% 来自技术进步。

3. 为谁生产（for whom）

无论生产什么和怎么生产，都有一个为谁生产的问题，也就是收入分配的问题。一国在生产可能性曲线上选择的产品组合，能够表明这个国家是怎样解决这个问题的。如果爱好和平，会选择产品组合 E1，将大部分资源用于生产大米等民用品，只有少部分用于国防安全所必需的大炮；如果搞军国主义，便会选择产品组合 E3，即使人民忍饥挨饿，也要将大部分资源生产大炮等军用品，以侵犯其他国家。如果收入分配比较合理，就会选择产品组合 E2，高档品轿车和低档品大米差不太多；如果贫富悬殊，产品组合将会是 E3，主要生产轿车，为极少数人享用。

4. 何时生产（when）

何时生产指资源利用的时间配置，即发展计划。正因为一国资源有限，绝不能"今朝有酒今朝醉"，所以必须做好动态规划，达到可持续发展的目的。例如，中国海上石油蕴藏丰富，但开采需要资金和技术。如果充分利用外资，"有水快流"，虽然可以马上得到工业化急需的石油，但根据合同有一半产量必须分给外国。如果一味自力更生，"到时再说"，虽然全部原油都可由自己利用，但会延缓工业化的进程。从子孙后代的长远利益出发，海上油田应当选择何种开发战略呢？

5. 谁做决策（who）

生产什么、怎么生产、为谁生产、何时生产这四个问题，究竟谁来决定呢？这就是经济体制问题。迄今为止，人类历史上存在过三种经济体制：由个体决策的市场经济；由政府决策的计划经济；个体决策与政府决策相结合的混合经济。从理论上来说，如果满足必需的假设条件，完全市场经济和完全计划经济都能够做到资源配置最优，这已经被国外一些经济学家加以论证。问题在于，就像萧伯纳揶揄基督教一样，他们的唯一毛病都是从来没有被实现过。实践表明，没有计划的市场，正如没有市场的计划一样，都不可能做到资源的最优配置。因此，在现代经济中，前两种传统的经济体制已不复存在，各国都是个体决策与政府决策、市场调节与计划调节在不同程度上的结合。经济体制将最终决定生产可能性曲线及其产品组合。

三、经济学的发展及流派

（一）经济学的发展

经济学作为一门独立的科学，是在资本主义产生和发展的过程中形成的。现代西方经济学一般指 20 世纪 30 年代以后流行于欧美国家和其他某些国家与地区的经济学说。不过，这种经济学说并不是在 20 世纪才产生和出现的，而是从古代发展变化而来的。

1. 古代和中世纪的西方经济学说（公元前 4 世纪至公元 15 世纪）

经济学最早产生于古希腊。在公元前 4 世纪至公元 11 世纪，古希腊和古罗马的奴隶制庄园经济有了较快的发展，偶尔也有一些简单的、少量的商品交换。一些学者出于奴隶主阶级利益的需要，对当时的一些经济问题进行了研究，提出了最早的经济学概念和思想。比如，关于商品价值和使用价值的看法、关于发展农业和手工业的看法、关于货币的看法等。

在公元 12 世纪至 15 世纪，欧洲处于封建社会的中世纪时代。在中世纪，经济上以封建的庄园经济和领地经济占主导地位，思想上和政治上是与封建王权的等级统治结合在一起的基督教神学。在对基督教教义进行世俗解释时，神学家（如托马斯·阿奎纳）在过去的经济思想和观念基础上，以基督教的观点解释了封建经济和少量商品交换中的问题（如高利贷问题）。尽管中世纪的经济思想在某些方面比古希腊和古罗马的经济思想有所进步，但是，在某些方面则进展不大，在个别方面（如价值理论）甚至还有退步。

经济思想和经济学说的发展以一定的客观社会经济实践为基础，又反过来反映一定的社会经济实践活动。近现代的西方经济思想是以商品经济和市场经济为基础的。当古代和中世纪的欧洲尚未很好地发展起商品经济和市场经济的时候，作为近现代西方经济思想先驱的古代和中世纪的经济思想事实上不可能真正成为近现代西方经济思想和学说的直接先导。只有伴随和反映近代资本主义商品经济和市场经济发展的重商主义经济学说，才能充当这一角色。

2. 近代西方经济学理论（16 世纪至 19 世纪 60 年代）

近代西方经济学理论的形成和发展变化主要是指资产阶级古典经济学的形成和发展变化。不过，在资产阶级古典经济学形成之前，曾经有过一个重商主义经济学说的形成和发展时期。重商主义的经济思想和学说的主要特点是围绕如何发财致富的问题进行探讨，并在注重发展对外贸易的同时，积极主张国家对经济活动进行保护和干预。重商主义的经济思想和实践为资产阶级古典经济学的产生提供了直接的前提。但是，重商主义的理论观点和政策主张仍然显得比较肤浅、比较粗糙和比较片面。这些缺点和不足，在当时的经济条件下显然是无法得到进一步发展和改进的。这一任务只能留待以后来完成。

资产阶级古典经济学主要产生和发展于资本主义社会的前期，即资本主义社会的产生和取得完全胜利的时期。具体来说，这一时期大致上就是 17—19 世纪中期。该时期内，西方国家的经济在资产阶级革命的配合下，得到了突飞猛进的发展。克服重商主义经济理论和观念缺陷的客观条件已经具备。资产阶级古典经济学所代表的经济思想和学说与重商主义的理论学说形成了鲜明的对照，其主要特点是主张实行经济自由主义。这意味着个人可以在摆脱封建经济制度残余和重商主义的国家干预情况下，实行自由经营；政府应当在保证社会基本经济制度的前提下对经济采取自由放任的态度，让市场机制自动地调节经济，配置资源。古典经济学主要的和典型的代表是英国的经济学家亚当·斯密、大卫·李嘉图、约翰·斯图亚特和穆勒。

古典经济学的最主要成就是提出了以劳动价值论为主要理论的一整套经济理论体系。这包括：以劳动价值论为主，同时也包括一些其他相应观点的价值论；在价值论基础上建立的生产理论、资本理论、分配理论和交换理论；与商品经济和市场经济密切相关的货币理论；对外贸易理论等。在政策倾向上，古典经济学家基本上都主张国家应当对经济活动采取自由放任的态度，尽量少干预社会的经济活动，或者说基本不干预经济活动。

但是，古典经济学的理论观点也存在着某种片面性。比如，古典经济学家对于经济的需求方面没有加以充分重视，在分析方法上，也显得不够精细。此外，劳动价值论往往容易为工人的利益服务而对资本家不利。这些都引起了其他一些经济学家的注意，引起了他们发展某些新理论的研究。正是由于这个原因，在古典经济学时期之后，又产生了一个新古典经济学时期。

3. 现代西方经济学体系（19 世纪 70 年代至 20 世纪 30 年代）

这一时期的经济学叫作新古典经济学。它以 1871—1874 年经济学界所发生的一个重要事件为起点。这个重要事件就是后来经济学界所说的"边际革命"。新古典经济学相对于古典经济学的主要变化是将以劳动价值论为主体的价值理论改变为边际效用价值论，引进了数学中的边际分析方法，由强调供给和生产转变为强调需求和消费。这种理论体系的主要代表是英国的马歇尔和庇古。直到20世纪30年代之前，新古典经济学一直是西方国家中占统治地位的经济思想和学说，被认为是比古典经济学更为合理，也更为精致的理论体系。但是，新古典经济学在20世纪二三十年代的经济大萧条当中，却显得一筹莫展、无能为力。在新古典经济学最终完成的同一个时期，也出现了一些与之不同的经济理论。那些理论后来被看作宏观经济学的直接理论先驱，为后来的凯恩斯宏观经济学理论的产生和问世奠定了某种基础。那些理论和观点的主要代表人物有瑞典的维克赛尔、缪尔达尔、林达尔和挪威经济学家弗瑞希等人，也出现了熊彼特及费雪那样的经济学家。

（二）经济学的主要流派

经济学作为一门应用性的学科，根据其发展历程主要包括以下几个流派：

1. 重商主义

16—17世纪是西欧资本原始积累时期。这一时期商业资本的兴起和发展，促使封建自然经济瓦解，国内市场统一，并通过对殖民地的掠夺和对外贸易的扩张积累了大量资金，推动了工场手工业的发展，为资本主义生产方式的勃兴提供了条件，正是在这一时期产生了代表商业资本的利益和要求的重商主义思想。重商主义原指国家为获取货币财富而采取的政策。16世纪末以后，在英、法两国出现了不少宣扬重商主义思想的著作。重商主义重视金银货币的积累，把金银看作财富的唯一形式，认为对外贸易是财富的真正源泉，只有通过出超才能获取更多的金银财富。因此，主张在国家的支持下发展对外贸易。但是重商主义的研究只限于流通过程，还没有形成一套完整的经济理论体系。

2. 古典经济学

17世纪中叶以后，首先在英国，然后在法国，工场手工业逐渐发展成为工业生产的主要形式。重商主义已经不适应日益壮大的产业资本的利益和要求。这时，封建制度仍严重阻碍着资本主义的发展，资产阶级面临的任务是与封建势力做斗争。这种斗争要求从理论上说明资本主义生产方式怎样使财富迅速增长，探讨财富生产和分配的规律，论证资本主义生产的优越性。由此，产生了由流通过程进入生产过程研究的古典经济学。古典经济学的先驱是英国的W.配第和法国的P.布阿吉尔贝尔。配第的主要贡献在于提出了劳动价值论的一些基本观点，并在此基础上初步考察了工资、地租、利息等范畴。布阿吉尔贝尔认为流通过程不创造财富，只有农业和畜牧业才是财富的源泉。

出现于18世纪50—70年代初的以F.魁奈和A.杜尔哥为主要代表的法国重农学派理论，是对资本主义生产的第一个系统理解。他们提出自然秩序的概念，用按资本主义方式经营的农业来概括资本主义，用租地农场主的生产经营活动来分析资本的流通和再生产。正是在这个意义上，马克思称重农学派为"现代政治经济学的真正鼻祖"。

亚当·斯密是英国古典经济学的杰出代表和理论体系的创立者。他所著的《国民财富的性质和原因的研究》一书，把资产阶级经济学发展成一个完整的体系。他批判了重商主义只把对外贸易作为财富源泉的错误观点，并把经济研究从流通领域转到生产领域。他克服了重农学派认为只有农业才能创造财富的片面观点，指出一切物质生产部门都创造财富。他分析了国民财富增长的条件以及促进或阻碍国民财富增长的原因，分析了自由竞争的市场机制，把它看作一只"看不见的手"支配着社会经济活动，他反对国家干预经济生活，提出自由放任原则。他第一个系统地论述了劳动价值论的基本原理，并指出利润和地租都是对劳动所创造的价值的扣除。但由于斯密受到资产阶级立场和方法的局限，他错误地把资本主义看作永恒的制度，认为通过人类的利己之心和"看不见的手"可以实现社会的和谐，并且在价值论和分配论上表现出许多矛盾和混乱的观点。因此，在他的理论中既有科学的见解，也有庸俗的成分。

大卫·李嘉图是英国古典经济学的完成者。他在 1817 年发表的《政治经济学及赋税原理》一书中建立了以劳动价值论为基础，以分配论为中心的严谨的理论体系。他继承斯密理论中的科学因素，并做出了重大发展。他坚持商品的价值是由生产中耗费的劳动决定的原理，批评了斯密在价值论上的二元观点。他强调经济学的主要任务是阐明财富在社会各阶级间分配的规律，认为全部价值都是由劳动生产的，工资由工人的必要生活资料的价值决定，利润是工资以上的余额，地租是工资和利润以上的余额，由此，他阐明了工资和利润的对立，工资、利润和地租的对立。此外，李嘉图还论述了货币流通量的规律、对外贸易的比较成本学说等。李嘉图的理论反映了英国产业革命时期工业资产阶级的利益和要求。李嘉图理论体系的根本缺陷是不懂得资本主义生产方式的历史性，和斯密一样把资本主义看作永恒的自然的制度，从而造成了理论上不可克服的矛盾。例如，他不能解决怎样在价值规律的基础上说明资本和劳动相交换以及等量资本取得等量利润等问题。但总的来说，古典经济学到李嘉图时期达到了顶峰，对后来的经济学发展有着深远的影响。

古典经济学产生于西欧资本主义生产方式处于上升发展的时期，当时社会的主要矛盾是新兴资产阶级和没落地主阶级之间的矛盾，无产阶级和资产阶级的矛盾虽然已经出现，但还处于潜伏状态，资产阶级的主要任务是反对封建制度及其残余，为发展资本主义开辟道路。在这种条件下，古典经济学还能对资本主义生产方式的内在联系和矛盾进行较为客观的探索，因而具有一定的科学成分。古典经济学最主要的贡献是奠定了劳动价值论的基础，从而成为马克思经济学说的一个重要来源，但由于阶级和历史的局限性，他们的理论不可避免地包含了一些庸俗因素。

古典经济学在 19 世纪初发展到顶峰的同时，也开始了它的庸俗化过程：这反映了西欧产业革命初期阶级矛盾的特点。法国的 J.B. 萨伊和英国的 T.R. 马尔萨斯是把古典经济学庸俗化的创始者。萨伊否定了劳动价值论，发展了斯密的三种收入决定交换价值的庸俗观点；他从效用价值论出发，转到生产费用论，进而建立"三位一体公式"的分配论；他还提出了"供给创造自己的需求"的市场法则，根本否认资本主义存在供求脱节和普遍生产过剩的可能性。马尔萨斯在将斯密学说庸俗化的同时，同李嘉图进行激烈论争，他抓住李嘉图在价值论上无法解决的难题进行抨击，并力图否定李嘉图的劳动价值论和关于利润来源的学说。J.S. 密尔和 J.R. 麦克库洛赫则以斯密和李嘉图信徒的面目出现，采用注释和通俗化的形式将古典经济学庸俗化。

1830 年后，法国和英国的资产阶级在政治上占据了完全统治的地位，无产阶级和资产阶级的斗争从幕后走上前台。从此，古典经济学日益被庸俗化。在 19 世纪中叶，庸俗经济学的主要代表有英国的 N.W. 西尼尔和 J.S. 密尔，法国的 F. 巴师夏等。他们仍然自称是斯密、李嘉图的继承者，但实际已抛弃注释、曲解的手法而进一步采取补充、折中的形式，对古典经济学进行根本性的修正。J.S. 密尔虽然受到社会思潮的一定影响，但他的理论体系却是 19 世纪上半叶各派庸俗经济学的大调和、大综合。他在 1848 年出版的《政治经济学原理及其在社会哲学中的若干应用》一书，是 19 世纪中叶以后的几十年间西方最流行、最有权威的经济学教科书。他的体系在某种意义上宣告了古典学派的资产阶级经济学时代的终结。

3. 边际效用学派

这是 19 世纪 70 年代初出现在西欧几个国家的一个庸俗学派，以倡导边际效用价值论和边际分析为共同特点，在其发展过程中形成了两大支派：一大支派是以心理分析为基础的心理学派或称奥地利学派，其主要代表为奥地利的 C. 门格尔、F. 维塞尔和柏姆·巴维克等；另一大支派是以数学为分析工具的数理学派或称洛桑学派，其主要代表有英国的杰文斯、法国的 L. 瓦尔拉斯和 V. 帕累托。边际效用学派在美国的主要代表是 J.B. 克拉克，他在边际效用论的基础上提出边际生产力分配论。这个学派的主旨是宣扬主观唯心主义，否定劳动价值论和剩余价值论，为资本主义剥削制度辩护。当代资产阶级经济学家把边际效用价值论的出现称为"边际主义革命"，即对古典经济学的革命。这个学派运用的边际分析方法，后来成为资产阶级经济学发展的重要基础。

4. 新古典经济学

新古典经济学的主要代表人物是英国剑桥大学的马歇尔，他在 1890 年出版的《经济学原理》一书中，继承了 19 世纪以来英国庸俗经济学的传统，兼收并蓄，以折中主义手法把供求论、生产费用论、边际效用论、边际生产力论等融合在一起，建立了一个以完全竞争为前提，以"均衡价格论"为核心的相当完整的经济学体系，这是继 J.S. 密尔之后庸俗经济学观点的第二次大调和、大综合。他用渐进的观点分析经济现象；用力学的均衡概念和数学的增量概念分析商品和生产要素的供求均衡及价格的决定；用主观心理动机解释人类的经济行为；在静态、局部均衡分析的框架内引进时间因素等。

他用均衡价格论代替价值论，并在这个核心基础上建立各生产要素均衡价格决定，其在国民收入中所占份额的分配论。他颂扬自由竞争，主张自由放任，认为资本主义制度可以通过市场机制的自动调节达到充分就业的均衡。这个理论体系的实质是在掩盖资本主义的剥削，抹杀资本主义的无政府状态及其他许多矛盾。新古典经济学从 19 世纪末起至 20 世纪 30 年代，一直被西方经济学界奉为典范。

5. 制度学派

这是 19 世纪末 20 世纪初在美国出现的历史学派变种。它的主要代表有 T. 凡勃伦、J.R. 康蒙斯、W.C. 米切尔等。他们把历史学派的方法具体化为制度演进的研究，否认经济理论的意义，以批判资本主义的姿态出现，提倡改良主义政策。

四、经济学的分类

在社会科学中，经济学是内容最广、分类最杂的学科之一。即使同一书名，内容却可能大相径庭。但是，从研究的方法论来讲，还是可以按照惯例大致分为以下几类。

（一）政治经济学和西方经济学

国内按照经济学的阶级性质，分为政治经济学与西方经济学。前者是以《资本论》为基础编写的马克思主义政治经济学，后者是资本主义国家流行的资产阶级经济学。这种分类虽然明确但不够确切。因为马克思主义政治经济学也是西方的经济学，西方的经济学也叫政治经济学。

马克思主义政治经济学的研究对象是生产关系，即社会经济活动中人与人的关系。马克思以辩证唯物论的高度洞察力，第一次科学地剖析资本主义经济运动的特殊规律和一切商品经济运动的一般规律。但是，作为革命导师，马克思对经济学的研究首先服务于无产阶级争取解放的斗争，只是在阐明资本主义发生、发展时才涉及商品经济的运行机制。对于一门经济科学来说，这显然是不够的。同样，马克思、恩格斯对生产力高度发达的社会主义生产关系及早过渡到共产主义的理论，不符合社会主义初级阶段的实际，也不能满足社会主义市场经济的需要。尽管如此，马克思主义经济学的基本原理，仍然是建立社会主义市场经济学的理论基础。

西方经济学通常将资本主义制度作为既定前提，以资本主义经济运行作为研究对象。它具有两重性。

①辩护性。它回避资本主义制度的特殊性，宣扬资本主义制度的永恒性，将资本主义的经济运行当作一切社会制度普遍适用的范式。作为资产阶级的意识形态，它必然为资本主义服务。

②科学性。商品经济随着资本主义制度得到充分发展，西方经济学在总结市场经济运行规律方面，也具有不同程度的科学成分。毕竟，它是西方经济学家几百年来对

市场经济研究的共同结晶，而就市场经济来说，社会主义市场经济与资本主义市场经济基本相似。有鉴于此，我国已将西方经济学与政治经济学一起作为高等院校经济学、管理学专业的核心课程。正如 100 多年前马克思参考 1400 多本西方经济著作写成《资本论》一样，今天建设社会主义市场经济同样离不开西方经济学。

（二）制度经济学与数量经济学

制度经济学泛指对社会制度结构以归纳法进行定性分析的一类经济学。这里的制度的含义比经济制度广泛得多，包括心理、思想、习惯、风俗、文化、伦理、道德、权力、利益、技术、组织、法制等几乎所有社会现象，因而远远超出传统经济学的范围，涉及历史学、政治学、社会学、心理学、伦理学、法学等社会科学。制度经济学认为，这些非经济因素对经济因素具有决定作用，应当成为经济学的研究对象。早期的制度经济学反对纯经济分析和数量分析，他们通过广泛的制度分析，指出资本主义社会的种种弊端，主张政府实行强有力的机构改革和社会变革。而近代兴起的一种制度经济学，则从"交易费用"出发，研究产权理论、企业理论、委托 - 代理关系、内部人控制（insider control）、激励机制等问题，有时也使用数量分析。他们反对国家的任何干预，因而比新古典学派更具自由主义。

与制度经济学相比，数量经济学在西方居于主流地位。数量经济学泛指对社会经济运行以演绎法进行定量分析的一类经济学。它将经济学、统计学、数学和计算机技术结合起来，研究经济运行的规律性，包括数理经济学、计量经济学、投入产出经济学、经济控制论、信息经济学、对策论等。数量经济学并不否认经济与社会的紧密联系，但将一定的社会条件作为基本假设，运用现代数学方法模拟经济运行，深入揭示仅靠定性分析难以表达的错综复杂的关系及其变动趋势，并提出相应的预测和决策，号称"社会实验室"。300 多年前，牛顿的《自然哲学的教学原理》和配第的《政治算术》同时开辟了自然科学和社会科学数量化的时代。古诺的《财富理论的数学原理研究》发表以后，西方经济学开始运用数学作为分析手段。第二次世界大战以后更是所谓的"计量经济学时代"。例如，西方的经济教科书和经济学论文，绝大部分都有经济模型；发达国家的决策研究，几乎都以经济模型作为工具，在诺贝尔经济学奖获得者中，四分之三以上都是数理经济学家。

任何事物都有其质和量的规定性，没有无量的质，更没有无质的量。定性分析必须通过定量分析加以深化，定量分析又必须服从和服务于定性分析，两者是互补关系，而不是替代关系，必须紧密结合。只强调一方而忽视另一方，或者企图以一方代替另一方，都是片面的。

（三）规范经济学与实证经济学

实证经济学是根据一定假设，分析经济体系是怎样运行的，为何这样运行，然后预测将会怎样运行。它只是就事论事，说明是什么和为什么，明确事物之间的因果关系，以达到"如果这样，将会怎样"的目的。至于这种因果关系是好是坏，它不做判断，即价值中性。这有如天文学研究月亮多长时间绕地球一圈，为什么这么长时间绕地球一圈，什么时候将发生日月食。显然，这种分析是建立在其他天体既定且不变的假定之上的。如果对其他天体的假定不实或者其他天体有变，这种分析就变得毫无意义。

与实证经济学不同，规范经济学对经济运行状态具有价值判断，要明确好坏，应当怎样。这有如占星术，预卜凶吉，若发生月食，则"天狗吃月亮，必有大灾"。又如，公平是人们共同追求的目标，但什么叫公平，不同的人就有不同的判断：有人认为是收入公平，有人认为是权利公平，有人则认为是机会公平。同是收入公平，有人认为绝对平均是公平，有人认为对于不同付出的人绝对平均反而不公平。

实际上，规范经济学和实证经济学是难以截然分开的。规范经济学必须以实证经济学为基础，人们不清楚"是什么"，也难以断定"应怎样"；反过来，人们在实证"是什么"特别是"将怎样"时，也不可能完全排除价值判断。

（四）微观经济学与宏观经济学

微观经济学采用个量分析法，以市场价格为中心，以主体利益为目标，研究家庭和企业的经济行为，以及怎样通过市场竞争达到资源最优配置。它只见树木，不见森林。为此微观经济学又叫小经济学、个量经济学、个体经济学、市场经济学以及价格理论。

宏观经济学采用总量分析法，以国民收入为中心，以社会福利为目标，研究产品市场、货币市场、公共财政、国际收支的协调发展，以及怎样通过宏观调控达到资源充分利用等。它只见森林，不见树木。为此，宏观经济学又叫大经济学、总量经济学、总体经济学、国民经济学以及收入理论。

在古典经济学中，微观与宏观是不分的，或者说是混合的。19世纪中叶，新古典经济学以《国富论》为滥觞，采用个量分析法，形成微观经济学。到20世纪30年代，凯恩斯发表《通论》，采用总量分析法，通称宏观经济学。

需要强调的是，微观经济学从个量入手，个量加总就是问题，最后的目的是研究一国的经济运行；宏观经济学从总量入手，总量分解就成为个量，最后的目的也是研究一国的经济运行。有人仅以研究对象来划分微观和宏观，认为微观是研究企业管理，宏观是研究国家管理，从而提出中观是研究部门管理或地区管理，这不是微观、宏观的原意。部门经济或地区经济，不是个量加总，就是总量分解，不可能有什么"中观"。

还需要强调的是，微观经济学与宏观经济学既有区别又有关系。从微观或宏观分析同一问题，结论可能不同。例如，从微观上看，若一个企业降低工资，便可以降低成本，增加利润；但从宏观上看，若所有企业都降低工资，有效需求将不足，最后导致所有企业利润下降。但微观与宏观又是互相补充、相辅相成的。微观以资源充分利用为前提，研究资源最优配置；宏观则以资源最优配置为前提，研究资源充分利用。市场机制具有种种局限性，不能解决垄断、公平等重大问题，必须在宏观调控下才能真正做到资源的最优配置。宏观调控也必须以市场机制为基础，调动一切积极因素才能真正做到资源的充分利用。因此，目前正出现以微观为基础，两者互相渗透、彼此结合的趋势。斯蒂格利茨认为："在过去几十年间，经济学家开始对微观经济学和宏观经济学的分裂提出疑问。整个经济学界逐渐认识到宏观经济行为必须和作为它的基础的微观经济原理联系在一起；经济学原理应该是一套，而不是两套。"

（五）综合经济学与分类经济学

根据研究范围，可以分为综合经济学和分类经济学。综合经济学全面反映经济学的理论体系，属于理论经济学，但内容有深有浅，可以分为初级经济学、中级经济学、高级经济学等不同层次。初级经济学通常以文字叙述经济学为基本内容，辅以必要的几何、代数等初等数学描述。中级经济学反映当代主流经济学的内容，并以微积分、线性代数、概率论、数理统计、对策论等高等数学加以描述。高级经济学则往往因派而异，内容差别很大，有的会使用泛函分析等相当艰深的现代数学方法。

分类经济学是经济学的不同分支，有偏重理论的，但大多重在应用，也叫应用经济学。诸如货币银行学、公共财政学、国际经济学、发展经济学、比较经济学、管理经济学、城市经济学等。此外，几乎每个部门或专业都可以有自己的经济学，如农业经济学、工业经济学、技术经济学、建筑经济学等。这些分支都是研究经济学在某一特定领域里的应用。

第二节　经济体制与资源配置

一、经济体制的基本概念

资源配置即社会资源的分配方式，是对相对稀缺的资源在各种不同用途上加以比较后做出的选择。经济体制反映的是社会对资源的配置方式，它不仅决定着生产性资源的配置，也决定着消费性资源的分配。分配方式可以分为由行政权力决定的分配方式、由所有权决定的分配方式、由经济效率决定的分配方式，以及由诸多因素共同决定的分配方式。事实上，经济体制是由不同的生产力发展水平、不同的意识形态、不同的文化传统及社会制度决定的，但根本上取决于社会生产力的发展水平。一定的经济体制必然要适应生产力的发展水平。适应生产力发展水平的经济体制能促进社会进步，解放生产力，并促进整个社会福利水平的提高，能高效地创造更多满足人民生活需要的产品，而滞后或超前于生产力发展水平的经济体制则对生产力起到制约与破坏作用。

二、经济体制的分类

经济体制决定资源的配置方式。萨缪尔森的新古典经济学将目前世界上所有国家采取的经济体制划分为三种，即计划经济、市场经济与混合经济。

（一）计划经济

所谓计划经济也即高度集中的计划经济，所有生产资料国有或公有，由政府掌握，资源的配置、产品与服务的生产与分配均由政府以计划的方式决定。苏联、朝鲜、1986年革新开放以前的越南和改革开放前的中国均采取这种体制。计划经济对经济活动调节具有自觉性、事先性、宏观性的特点。其优点是：第一，可以集中有限的资源去解决好决定国计民生的重大问题，能够在全社会范围内集中必要的人力、物力、财力进行重点建设；第二，对经济进行预测和规划，制定国民经济发展战略，在宏观上优化资源配置，对国民经济重大结构进行调整和生产力合理布局；第三，能够合理调节收入分配，兼顾效率与公平，保证经济和社会协调发展。

然而，计划经济要取得较好的经济效率，必须具备五个条件：一是要有全面、准确、快速和及时的信息收集、加工和传达体系，而且对经济形势的发展状况要有准确的预测；二是生产者要有较高的素质，具有非经济刺激即可达到的生产积极性；三是社会产品及劳动成果的分配要保持较高的公平性；四是生产经营的决策要基本符合社会的需求，能够保证资源流向效率高的产业与企业；五是政府的调控是及时有效的。但是，这五个条件是不可能完全具备的，所以，采用计划经济不可避免地会出现"政府失灵"现象，出现资源的浪费和社会生产效率的低下问题。计划经济体制的弊端是所有者缺位，激励约束机制失灵，价格对经济没有指示性，由此导致劳动者积极性低、市场资源得不到合理配置，最终结果是经济得不到发展，人民生活水平下降。我国1978年开始的经济改革其实就是为了改变这种体制，引入市场竞争，实现资源合理配置，充分调动劳动者积极性，最终增强经济实力，提高人民生活水平。

（二）市场经济

市场经济作为资源配置的另一种手段，在一定程度上受到我国政府及经济界的认可。所谓市场经济，就是社会化的商品经济，是市场在资源配置中起基础性作用的经济。市场经济具有平等性、竞争性、法制性和开放性等一般特征。其一般特征是通过市场可以有效地调节社会资源的分配，引导企业按照社会需要组织生产经营，并且可以对商品生产者实行优胜劣汰的选择。所以，市场经济是实现资源优化配置的一种有效形式。

在市场经济中，生产要素的流动，生产的进行，产品与服务的分配与交换、流通等都由价值规律、竞争规律来决定，产品和服务的价值量决定于其生产的社会必要劳动时间。同时，市场经济是一种以私有制为基础的经济体制，这样，生产、消费与流通均由生产者自身根据所掌握的市场信息及其风险承受能力做出决策，各种生产要素的流动是由不同企业与生产者的生产效率决定的。按劳分配、按资分配是市场经济分配的两种方式。价值规律成为市场经济中取代政府的"看不见的手"调控整个经济体系的运行。由于生产与消费决策是由微观主体做出的，他们更了解市场的细微变化，因此其决策行为在一定程度上具有准确性与预见性，所以生产更具有效率；同时，由于生产者的生产会增加自身的财富，因此生产更具有积极性与主动性。市场经济由于通过市场手段对资源配置起基础性作用，使经济活动遵循价值规律的要求，因此能够适应供求关系的变化，通过价格杠杆和竞争机制的功能，把资源配置到效益较好的环节中去，讲求效率与效益，同时，能够运用市场对各种经济信号反应比较灵敏的优点，促进生产和需求的及时协调。然而，如果缺乏国家的正确宏观调控，市场经济也不可避免地会产生"市场失灵"的现象。

（三）混合经济

混合经济，简而言之，就是资源的分配既有政府计划手段，如指令性计划与指导性计划，也不排斥市场调控。事实上，世界各国多数采用的是混合经济，高度集中的计划经济只有在物资极其匮乏或战争时期才采用。因此，经济学家把利用市场机制与政府干预进行资源配置的经济体制称为混合经济。世界上多数国家的所有制结构并不是单一的私有制或公有制，而是多种所有制并存的结构，这也决定了其对资源的配置既有政府的宏观计划，也有市场其他主体的个体决策。从客观现实来看，政府拥有生产资料的社会主义经济体系在混合经济中，采用的计划手段多一些，而以生产资料私有制为基础的资本主义经济体系则采用的市场手段更多一些。混合经济起源于"政府失灵"与"市场失灵"，由于市场经济存在"市场失灵"，所以人们希望能通过计划手段很好地解决这一问题，然而，采用计划经济又存在"政府失灵"。显然，二者均有缺陷，在此基础上，人们希望二者均采用来起到相互补充的作用。

混合经济存在以下特点：一是在经济实体中存在一个强大的国有经济；二是经济活动不仅要实现个人目的，也要实现社会目的；三是经济活动不仅取决于个体的决策，也取决于政府以社会公益性为目标的决策；四是政府与个人、企业在社会分工的基础上进行合作；五是政府干预减少了个人和企业在经济活动中的自主性。

无论如何，市场经济与计划经济只不过是资源配置的两种手段，正如邓小平同志所讲："计划多一点还是市场多一点，不是社会主义与资本主义的本质区别，计划经济不等于社会主义，资本主义也有计划，市场经济不等于资本主义，社会主义也有市场，计划与市场都是经济手段。"

三、经济效果与经济效率

经济学研究的最基本问题就是资源稀缺性问题，具体点就是如何利用有限的稀缺性资源生产出更多的符合人们生活需要的社会产品，这本质上就是一个经济效果与经济效率的问题。

经济效果是对国民经济系统生产过程中的产出量与投入量的比较，反映的是生产过程中劳动耗费转化为劳动成果的程度。经济效果有除法和减法两种比较形式。除法比较形式是一定的资源组合方案下的产出与投入之比，又叫经济效率指标，如土地生产率、劳动生产率、资金报酬率；减法比较形式是一定的资源组合方案下产出与投入之差，又叫经济效益指标，如利润、税收、增加值、国内生产总值。经济效果的实质是经济效率。经济学家定义的效率是社会从现有资源中取得最大消费者满足的过程。即指这样一种状况，社会进行组织生产和消费时所做的任何改进都不会在增进某人的满足程度的同时而不减少其他人的福利（有时称帕累托效率）。换句话说，效率就是指没有一个人的境遇能在不使别人的境遇变得更糟的情况下变得更好的一种社会资源配置状态。这时社会已经达到人尽其才、物尽其用，不存在任何浪费、闲置资源的现象，以至每个劳动者都实现了经济收入最大化。从衡量或评价的角度讲，经济效率是衡量经济效果的最有效指标，反映的是产出（财富创造）占投入（资源消耗）的比值，或者说反映的是资源转化为有用成果的比率。显然，本书中对经济效果的界定是用来衡量资源配置的合理化水平，即产出与投入之比。产出与投入比越大，表明生产具有越高的经济效率（资源配置效率高），经济效果好；而产出与投入比越小，则说明具有较低的经济效率（资源配置效率低），经济效果差。

经济效益是衡量经济效果的又一指标，也是经济活动中所取得的有效劳动成果与劳动消耗的比较，是基于收益或盈利的经济活动的综合评价。经济效益与经济效率都是反映所得与所费的关系的，都讲求社会劳动时间的节约。但经济效益侧重强调盈利，它反映产值、成本、利润、税收等因素之间的相互关系，一般以劳动成果与投入品的差值来计算，即"经济效益＝劳动成果－劳动消耗"或"经济效益＝产出－投入"或"经济效益＝所得－所费"。可见，它和经济效率一样都具有反映经济效果优劣的本质，只不过经济效率侧重反映产出率，而经济效益着重强调产出值。

第三节 国民经济的核算及主要指标

学习建筑经济学，必须要了解国民经济的构成，并了解建筑业在国民经济体系中的重要地位。只有这样，才能通晓以经济学作为基本理论研究建筑生产的目的及意义。

一、产业结构视角的国民经济构成

经济活动主要有生产、分配、交换与消费四个环节，生产在其中处于首要环节，没有生产，就无从实现其他三个环节，所以，生产在经济活动中占有极其重要的地位。根据西方经济学的论述，现代经济的主体有家庭（居民）、企业（厂商）、政府与国外市场四个部分，经济活动及其主体相互之间的联系构成了一国的国民经济。国民经济是指一个国家范围内各社会生产部门、流通部门和其他经济部门所构成的互相联系的总体。工业、农业、建筑业、运输业、邮电业、商业、对外贸易、服务业、城市公用事业等，都是国民经济的组成部分。随着生产社会化的发展，国民经济各部分之间的联系越来越密切。科学技术事业、文化事业、教育事业、卫生保健事业等，虽然本身不是经济部门，但是它们的存在和发展同国民经济各部门的发展有着密切的联系，所以也将它们包括在国民经济计划的范围之内。

按照国际惯例，将国民经济各部门划分为三大产业。我国已制定了《国民经济行业分类和代码》（国标修订方案）并与国际标准产业分类基本兼容。根据社会生产活动历史发展的顺序对产业结构进行划分，产品直接取自自然界的部门称为第一产业，对初级产品进行再加工的部门称为第二产业，为生产和消费提供各种服务的部门称为第三产业。它是世界上较为通用的产业结构分类，但各国的划分不尽一致。

我国的三大产业划分是：第一产业——农业，包括种植业、林业、牧业和渔业；第二产业——工业（包括采掘业，制造业，电力、燃气及水的生产和供应业）和建筑业；第三产业——除第一、第二产业以外的其他各行业。由于第三产业包括的行业多、范围广，根据我国的实际情况，第三产业还可分为两大部分：一是流通部门；二是服务部门。第三产业具体又可分为四个层次。

第一层次：流通部门，包括交通运输、仓储及邮电通信业，批发和零售贸易、餐饮业。

第二层次：为生产和生活服务部门，包括金融业、保险业，地质勘查业，水利管理业，房地产业，社会服务业，农、林、牧、渔服务业，交通运输辅助业，综合技术服务业等。

第三层次：为提高科学文化水平和居民素质服务的部门，包括教育、文化艺术及广播电影电视业，卫生、体育和社会福利业，科学研究业等。

第四层次：为社会公共需要服务的部门，包括国家机关、党政机关和社会团体以及军队、警察等。

二、国民经济的核算指标

国民经济的核算是以整个国民经济为对象，进行全面、系统的测定、计算和说明，以使认识、掌握、指导和控制国民经济的运行，也便于对国民经济各组成部分对一国经济发展的贡献做出科学的计量与评价。

（一）国民经济核算体系基本概念

国民经济是各行各业的总和。国民经济运行就是社会再生产的全过程，即从生产、分配、交换和最终使用的周而复始的经济循环。

国民经济核算是以整个国民经济或社会再生产为对象的宏观经济核算。

国民经济核算体系是对整个国民经济运行或社会再生产过程进行全面、系统的计算、测定和描述的宏观经济信息系统，它是整个经济信息系统的核心。它有两层含义：一是指为进行国民经济核算而制定的一整套标准和规范，即定义规范（包括核算概念、定义、核算原则、指标体系和分类标准）和核算方法及表现形式；二是指全面、系统的国民经济核算资料。

国民经济核算是高层次的宏观核算。它来源于统计、会计和业务三大核算，又是三大核算的结合。

（二）世界上两大核算体系的形成和发展

国际存在两种不同的国民经济核算体系：一种是物质产品平衡表体系，又称东方体系，简称 MPS，主要是原苏联和东欧等计划经济国家采用的核算体系，指标主要有社会总产值、国民收入、净产值、积累和消费等；另一种是国民账户体系，又称西方体系，简称 SNA，主要是市场经济国家采用的核算体系，指标主要有国民生产总值（GNP）、国内生产总值（GDP）、增加值、最终消费（也称总消费）和资本形成总额（也称总投资）和净出口等。两大体系都是联合国推荐使用的，目前世界上绝大多数国家都采用 SNA，只有少数几个国家使用 MPS。

（三）我国国民经济核算体系的形成和发展

我国国民经济核算体系经历了三个阶段：第一阶段为 1952—1984 年，采用 MPS 体系；第二阶段为 1985—1992 年，是 MPS 与 SNA 两种核算体系并存；第三阶段为 1993 年至今，取消 MPS 体系，采用 SNA 体系。采用什么核算体系是由当时社会的经济基础和生产力发展水平决定的。

为了适应我国经济体制和经济运行机制的深刻变化，扩大和加强国际交流合作，国务院国发〔1992〕48 号文件决定建立和实施新的国民经济核算体系。到 2002 年，我国的基本核算制度由 MPS 体系逐步过渡到 SNA 体系，经济总量从 MPS 体系的国民收入核算转入 SNA 体系的 GDP 核算，逐步开展了投入产出核算、资金流量核算、资产负债核算和循环账户核算。同时，每一项核算都在实践中不断发展，如 GDP 核算，从最初以国民收入核算为基础的间接核算发展到直接利用原始资料的直接计算，从生产核算发展到使用核算，从年度核算发展到季度核算。

2003 年年初，国家统计局、国家计委、国家经贸委、财政部、中国人民银行、国家外汇管理局、国家税务总局、国家工商管理总局八部门以国统字〔2002〕71 号文联合发出《关于实施中国国民经济核算体系（2002）》的通知，标志着《中国国民经济核算体系（2002）》正式实施。该核算体系是对 1992 年颁布实施的《中国国民经济核算体系（试行方案）》的重大修订，取消了其中的 MPS 核算的内容，清理了基本概念，修订了机构部门和产业部门分类，调整了基本框架，补充了核算内容，修改和细化了有关的指标设置，基本上与新的国际标准相衔接。新体系在结构上更加严谨，充分反映了国民经济活动的内在联系；在内容上更加丰富，涵盖了市场经济条件下国民经济运行的主要环节和主要方面；在方法上更加科学，既考虑到需要，又考虑到可能。新体系能够全面准确地反映我国国民经济运行状况，增强国民经济核算在总体框架、基本原则、计算方法上与国际标准的一致性以及指标的国际可比性。新体系能够更好地适应社会主义市场经济条件下宏观经济管理和对外交流工作的需要。

《中国国民经济核算体系（2002）》由 5 张基本核算表、1 套国民经济账户和 2 张附属表组成。5 张基本核算表包括国内生产总值表、投入产出表、资金流量表、国际收支表和资产负债表；1 套国民经济账户包括经济总体账户、国内机构部门账户和国外部门账户；2 张附属表即自然资源实物量核算表和人口资源与人力资本实物量核算表。在整个核算体系中，国内生产总值核算处于核心地位，其他核算是它的延伸和补充。

（四）国民经济核算体系的作用

国民经济核算体系是观察宏观经济运行与进行管理的"数据库""平衡仪"和"晴雨表"，是地区经济与国际经济交往中的"标准语"和"普通话"。

经济增长率、通货膨胀率、国际收支平衡和失业率是世界上通用的衡量宏观经济发展情况的四大指标。经济增长率一般用 GDP 来反映，可见 GDP 在宏观经济管理中的地位。GDP 核算是国民经济核算的核心。美国一些著名经济学家对美国的 GDP 核算给予了高度评价。例如，萨缪尔森和诺德豪斯在他们的著名教科书《经济学》中指出："GDP 是 20 世纪最伟大的发明之一。与太空中的卫星能够描述整个大陆的天气情况非常相似，GDP 能够提供经济状况的完整图像，它能够帮助总统、国会和联邦储备委员会判断经济是在萎缩还是在膨胀，是需要刺激还是需要控制，是处于严重衰退还是处于通胀威胁之中。没有像 GDP 这样的总量指标，政策制定者就会陷入杂乱无章的数字海洋而不知所措。GDP 和有关数据就像灯塔一样，帮助政策制定者引导经济向着主要的经济目标发展。"美国前总统经济顾问委员会主席马丁·贝利指出："很难想象，如果没有及时的和准确的 GDP 或 GNP 数据，我和其他人怎样谈论美国经济和商业周期。"美国前财政部部长罗伯特·鲁宾指出："GDP 核算向国会和其他部门提供了美国经济健康情况的极其重要的特征。今天，我们制定出较好的经济政策，因为 GDP 核算使我们较好地了解政策的作用。我们应当为实现 GDP 核算的现代化提供更多的资源，以保持我们的统计基础建设跟上迅速发展的经济。"在我国，国民经济核算体系的重要性和作用表现在以下几个方面：是反映国民经济运行状况的重要工具；是宏观经济管理的重要依据；是制定和检验国民经济计划的科学方法；是微观决策的重要依据；是经济统计的基本框架；是协调经济统计数据的重要手段；国民经济核算能够影响到我国的经济利益和政治利益。

国民经济核算数据在一定程度上决定了我国承担的国际义务和享受的优惠待遇，以及在国际社会所能发挥的作用。如联合国根据连续六年的 GDP 和人均 GNP 来决定一个国家的会费；世界银行根据人均 GNP 来决定一个国家享受的硬贷款和软贷款等优惠待遇；国际货币基金组织（International Monetary Fund，IMF）根据 GNP、黄金与外汇储备、进口额、出口额占 GNP 的比重等因素来决定一个国家在 IMF 中的份额，进而决定在 IMF 的投票权、分配特别提款权的份额以及向 IMF 借款的份额。

（五）国民经济核算原则

国民经济核算原则是国民经济核算基本理论的组成部分，它对国民经济核算体系的设计、范围确定、核算的系统一致性等具有直接的指导或决定作用。

1. 市场原则

从市场出发，考虑市场过程和市场活动，以及市场发展变化等，就成为确定国民经济核算范围，分类、账户划分等方面的重要原则，这就是我们简称的市场原则。

2. 所有权原则

所有权原则是确定国民经济核算中资产和负债范围的基本原则。在市场经济活动中，资产和负债是进行生产活动，获取经济利益的根本条件。因此，它必须表现为企业等机构单位或机构部门的所有权，才可能在生产经营等经济活动中产生决定的作用。正由于这个原因，国民经济核算把资产界定为机构单位或机构部门能够行使所有权的统计范围，负债与资产相对应，这就是简称的所有权原则。

3. 三等价原则

三等价原则是指国民经济运行过程中国民生产、国民（原始或可支配）收入、国民（最终）支出之间的总量平衡关系的等价统计原则。三等价原则是确定国民经济生产、收入分配、消费和积累核算一致性的重要原则。

4. 核算统计原则

国民经济核算的统计原则首先是权责发生制。所谓权责发生制原则是指对经济活动中机构单位之间交易按照其债权债务发生时，或生产活动中价值转移或新价值形成或取消时进行统计的原则。国民经济核算的统计原则与微观会计核算原则有相同的一面，也有不同的一面。

（六）国民经济的核算指标

1. 国民生产总值

国民生产总值（GNP）指一个国家（或地区）所有常住单位在一定时期内在国内和国外收入初次分配的最终结果。一国常住单位从事生产活动所创造的增加值在初次分配中主要分配给该国的常住单位，也有一部分以生产税及进口税（扣除生产和进口补贴）、劳动者报酬和财产收入等形式分配给非常住单位；同时，本国国民在国外生产所创造的增加值也有一部分以生产税及进口税（扣除生产和进口补贴）、劳动者报酬和财产收入等形式分配给该国的常住单位，从而产生了国民生产总值的概念。它等于国内生产总值加上来自国外的净要素收入。与国内生产总值不同，国民生产总值是个收入概念，而国内生产总值是个生产概念。

2. 国内生产总值

国内生产总值（GDP）指一个国家（或地区）所有常住单位在一定时期内生产活动的最终成果。国内生产总值有三种表现形态，即价值形态、收入形态和产品形态。从价值形态看，它是所有常住单位在一定时期内生产的全部货物和服务价值超过同期中间投入的全部非固定资产货物和服务价值的差额，即所有常住单位的增加值之和；从收入形态看，它是所有常住单位在一定时期内创造并分配给常住单位和非常住单位的初次收入分配之和；从产品形态看，它是所有常住单位在一定时期内最终使用的货物和服务价值与货物和服务净出口价值之和。在实际核算中，国内生产总值有三种计算方法，即生产法、收入法和支出法。三种方法分别从不同的方面反映国内生产总值及其构成。

3. 最终消费

最终消费指常住单位在一定时期内对于货物和服务的全部最终消费支出，也就是常住单位为满足物质、文化和精神生活的需要，从本国经济领土和国外购买的货物和服务的支出，不包括非常住单位在本国经济领土内的消费支出。最终消费分为居民消费和政府消费。

4. 居民消费

居民消费指常住住户对货物和服务的全部最终消费支出。居民消费按市场价格计算，即按居民支付的购买者价格计算。购买者价格是购买者取得货物所支付的价格，包括购买者支付的运输和商业费用。居民消费除了直接以货币形式购买货物和服务的消费之外，还包括以其他方式获得的货物和服务的消费支出，即所谓的虚拟消费支出。居民虚拟消费支出包括以下几种类型：单位以实物报酬及实物转移的形式提供给劳动者的货物和服务；住户生产并由本住户消费了的货物和服务，其中的服务仅指住户的自有住房服务；金融机构提供的金融媒介服务；保险公司提供的保险服务。

5. 政府消费

政府消费指政府部门为全社会提供公共服务的消费支出和免费或以较低价格向住户提供的货物和服务的净支出。前者等于政府服务的产出价值减去政府单位所获得的经营收入的价值，政府服务的产出价值等于它的经常性业务支出加上固定资产折旧；后者等于政府部门免费或以较低价格向住户提供的货物和服务的市场价值减去向住户收取的价值。

6. 资本形成总额

资本形成总额是常住单位在一定时期内固定资本形成总额和存货变动价值的和。固定资本形成总额是常住单位在核算期内购置、转入和自产自用的固定资产，扣除固定资产的销售和转出后的价值。存货变动价值是常住单位在核算期入库货物和出库货物价值的差额。

7. 固定资本形成总额

固定资本形成总额指常住单位购置、转入和自产自用的固定资产，扣除固定资产的销售和转出后的价值，包括有形固定资产形成总额和无形固定资产形成总额。有形固定资产形成总额包括一定时期内完成的建筑工程、安装工程和设备工器具购置减折旧之后的固定资产的价值，以及土地改良，新增种、奶、毛、娱乐用牲畜和新增经济林木价值。无形固定资产形成总额包括矿藏的勘探、计算机软件、娱乐和文学艺术品原件的价值减去处置的无形固定资产的价值。

8. 存货增加

存货增加指常住单位存货实物量变动的市场价值，即期末价值减期初价值的差额。存货增加可以是正值，也可以是负值。正值表示存货上升，负值表示存货下降。存货包括生产单位购进的原材料、燃料和储备物资，以及生产单位生产的产成品、在制品等。

9. 货物和服务净出口

货物和服务净出口指货物和服务出口减货物和服务进口的差额。出口包括常住单位向非常住单位出售或无偿转让的各种货物和服务的价值；进口包括常住单位从非常住单位购买或无偿得到的各种货物和服务的价值。由于服务活动的提供与使用同时发生，因此服务的进出口业务并不发生出入境现象，一般把常住单位从国外得到的服务作为进口，非常住单位从本国得到的服务作为出口。货物的出口和进口都按离岸价格计算。

10. 劳动者报酬

劳动者报酬指劳动者因从事生产活动所获得的全部报酬，包括劳动者获得的各种形式的工资、奖金和津贴，既包括货币形式的报酬，也包括实物形式的报酬，还包括劳动者享受的公费医疗和医药卫生费、上下班交通补贴和单位支付的社会保险费等。对于个体经济来说，其所有者所获得的劳动报酬和经营利润不易区分，这两部分统一作为劳动者报酬处理。

11. 生产税净额

生产税净额指生产税减生产补贴后的余额。生产税指政府对生产单位生产、销售和从事经营活动以及因从事生产活动使用某些生产要素（如固定资产、土地、劳动力）所征收的各种税和附加费。生产补贴与生产税相反，指政府对生产单位的单方面收入转移，因此视为负生产税，包括政策亏损补贴、粮食系统价格补贴、外贸企业出口退税收入等。

12. 固定资产折旧

固定资产折旧指一定时期内为弥补固定资产损耗按照核定的固定资产折旧率提取的固定资产折旧，或按国民经济核算统一规定的折旧率虚拟计算的固定资产折旧。它反映了固定资产在当期生产中的转移价值。各类企业和企业化管理的事业单位的固定资产折旧是指实际计提并计入成本费中的折旧费；不计提折旧的政府机关、非企业化管理的事业单位和居民住房的固定资产折旧是按照统一规定的折旧率和固定资产原值计算的虚拟折旧。原则上，固定资产折旧应按固定资产的重置价值计算，但是目前我国尚不具备对全社会固定资产进行重估价的基础，所以暂时只能采用上述办法。

13. 营业盈余

营业盈余指常住单位创造的增加值扣除劳动者报酬、生产税净额和固定资产折旧后的余额。它相当于企业的营业利润加上生产补贴，但要扣除从利润中开支的工资和福利等。

14. 直接消耗系数

直接消耗系数指某一个部门生产单位总产出需要直接消耗各部门产品和服务的数量，也称为投入系数。它反映该部门与其他部门之间直接的技术经济联系和直接依赖关系。

15. 完全消耗系数

完全消耗系数指增加某一个部门单位总产出需要完全消耗各部门产品和服务的数量。完全消耗系数等于直接消耗系数和全部间接消耗系数之和，它是全面揭示国民经济各部门之间技术经济的全部联系和相互依赖关系的主要指标。

16. 初次分配总收入

初次分配指以劳动者报酬、固定资产折旧、生产税及财产收入等形式对增加值进行的分配。初次分配形成的收入余额为初次分配总收入。

17. 经常转移

经常转移指部门间以实物和资金方式实现的单方面转让，包括社会保险付款、社会补助、侨汇、无偿捐赠、赔偿等。

18. 可支配总收入

可支配总收入指各机构部门在初次分配总收入基础上通过经常转移后所获得的收入。这部分收入用于最终消费和储蓄。

19. 总储蓄

总储蓄指可支配总收入扣除最终消费后的余额。

20. 资本转移

资本转移指一个部门无偿地向另一个部门支付用于资本形成的资金，是一种不从对方获取任何对应物作为回报的交易。资本转移具有不同于经常转移的两个特征：一是转移的目的是用于投资，而不是用于消费；二是资产所有权的转移，而不仅仅是使用权的转移。资本转移包括投资性补助和其他资产转移，根据我国目前的实际情况，投资性补助是指财政投资性拨款，即财政拨款中用于基本建设、更新改造和其他固定资产投资的部分。

建筑业在国民经济中处于一个重要地位，从属于第二产业。建筑业是国民经济的重要产业部门，在西方经济发达国家，与钢铁、汽车工业并列为三大支柱产业。从国内生产总值的构成看，建筑业在国民生产总值中的比例一直呈增加之势，2007年达到5.6%，也就是说，建筑业对国民经济的直接贡献率达5.6%，而由于其对其他产业具有较大的带动作用，所以，是国民经济的重要组成部分。建筑业在国民经济中的作用具体表现在：第一，建筑业所完成的产值在社会总产值中占有相当大的比重，所创造的价值也是国民收入的重要组成部分；第二，建筑业能够吸收国民经济各部门大量的物质产品；第三，建筑业建造大量的生产性房屋建筑物、构筑物，为国民经济各部门提供了重要的物质基础；第四，建筑业能容纳大量的劳动力，是一个重要的劳动就业部门，建筑业已成为转移农村富余劳动力、解决就业问题的主要途径。

第二章 建筑业市场需求与供给

建筑需求与供给，是指有支付能力的建筑需求与建筑商品供应之间的关系在建筑市场上的反映。它反映建筑商品供应量与有支付能力的建筑需求量之间的对比关系。进入流通领域的建筑商品总量，同有支付能力的需求相适应，即出现供求平衡，商品销售和社会再生产就能正常进行。但是平衡是相对的，不平衡是绝对的，主要通过市场进行调节。

第一节 概述

建筑市场是国民经济大市场中的一个组成部分，有其自身的运行规律，同时，它又服从一般市场的运行规律。为了加深对建筑市场的理解，便于对建筑市场进行分析和阐述，有必要先了解一般市场的基本知识。

一、市场的基本概念

（一）市场的含义

市场的含义可以从不同角度做出不同的解释。人们通常习惯于把在一定时间、一定地点进行商品买卖的地方称为市场。从经济学的角度来解释，市场是广义的，指整个商品流通领域，或商品供求关系的总和。它是同商品、货币、价值、价格等相联系的一个经济范畴，或者简单地说，市场是与市场经济相联系的一个经济范畴。经济学讲的市场是抽象的市场，而不是指某一特定的商品交易场所，但它又包含了所有具体的市场。从本质上看，市场是生产者和消费者、供给者和需求者因交易形成的经济关系。交易表面上是商品的交换，实际上是产权的让渡，是利益的取得和实现。一个地方之所以能够成为商品交易和集散的中心，是因为这里存在着新的、巨大的盈利机会，市场的自然形成和发育是人们寻利行为的必然结果，符合市场和市场经济的发展规律。

（二）市场的构成要素

不论是狭义的市场或广义的市场，它的形成都必须包含以下三个要素，只有同时具备了这三个要素，才能形成现实的而不是观念的市场。

（1）可供交换的商品（包括货币）。市场本身就是商品交换的产物。如果生产出的产品不用于交换，就不能称其为商品。没有商品，就不能形成市场。

（2）同时有商品的卖方和买方。有了商品，也就有了商品的卖方，但是，如果没有需要这种商品的买方，还是不能实现商品交换；反之，如果存在需要某种商品的买方，却没有相应的卖方，实际上也没有商品，自然也就无法实现商品交换。商品交换活动是由人来进行的，有卖有买才能形成市场。

（3）具备买卖双方都能接受的价格和交易条件。因为买卖双方是两个不同的商品、货币所有者，只有自愿互利，价格和交易的条件双方都能接受，商品交换才能完成，这就是通常所说的"自愿让渡"规律。"自愿让渡"是商品交换的一般规律，违背这一规律将导致不能完成商品交换，或者将造成不良后果。

（三）市场活动的当事人

商品从生产领域进入消费领域的流通过程，是市场活动的基本内容，其核心是商品的供给和需求，其他市场活动都是围绕供求展开的。因此，可以把市场活动分为两部分：一部分属于供给一方的活动，主要包括市场调查预测，产品设计，选择商品销售路线，进行商品的集中和分散、运输和保管，制订商品价格，扩大商品推销，以及提供售后服务，等等；另一部分属于需求一方的购买活动，包括选择购买对象、时间、地点和方式方法等。两方面的活动必须互相适应、互相配合，才能完成商品流通过程。在一般情况下，商品供给方的活动必须适应需求方的要求。

参与市场商品交易的当事人的情况极其复杂，但归纳起来有三种人，即生产者、消费者和商业中介人。他们在市场上所处的地位和作用不同，参加市场商品交换活动的目的和要求也不一样，都有各自不同的经济利益。

生产者是一个抽象的概括。在不同的社会制度、不同的所有制下，有不同的生产者。作为商品生产者，属于供给一方，是商品的出卖者。生产者的基本作用是为市场活动提供物质基础，即提供商品。没有生产者提供商品，市场便不存在。从生产和流通的关系来看，生产决定流通，生产是本源，没有生产，便没有流通，也没有可供消费的商品。

消费者也是一个抽象的概括。消费者人数众多，类型极其复杂：既有生产资料的消费者，又有生活资料的消费者；既包括企业、社会团体等集体消费者，也包括个人消费者。消费者的共性是处于市场活动的终点，属于商品需求一方，是商品的购买者。消费者的基本作用是完成商品流通过程，实现生产的目的。消费者是决定市场活动能否完成的关键。消费者参加市场活动的共同要求，是希望能够按照自己的意愿买到所需要的商品。生产资料的消费者，实际上也是生产者，只是他向市场提供的商品与他所消费的商品不同。

商业中介人的种类很多,从业务经营的性质来看,有居间商业、代理商业、批发商业和零售商业等。商业中介人在市场中具有双重身份:既不是生产者,也不是消费者;但既是商品的供给者,又是商品的购买者。一方面向生产者买进商品,另一方面向消费者出售商品,是既买又卖者。商业中介人活动的特点是转手买卖,在市场中处于生产者和消费者之间的中介地位,起着商品交换的媒介作用。商业中介人的存在,对加速商品流通,及时反馈商品消费信誉,从而使商品生产更适合消费者的需要,以及促进消费、引导消费等,都有积极作用。

二、市场机制

市场机制即市场经济的运行机制,包括价格机制、竞争机制和供求机制。价值规律、竞争规律和供求规律是市场经济的基本规律,它们相互联系、相互作用、共同调节着经济的运行。市场经济规律的作用通过市场机制体现出来。

(一)价格机制

价值是价格的基础。商品的价值由生产商品的社会必要劳动时间决定,商品交换以价值为基础。由市场供求关系形成的市场价格围绕价值上下波动,是价值规律作用的表现形式。

价值规律正是通过这种形式起着调节社会生产的作用。所以,价格机制是市场机制的核心。价格机制是价格形成、价格变动及其作用的内在因素的有机联系和过程。

价格在市场经济中起着重要的作用。首先,价格具有传递信息的作用。市场上有成千上万的消费者和生产者,每一个生产者或消费者作为一个个体很难了解整个市场的供求情况。但是,他们可以通过观察价格变动的情况,无代价地、及时地获得供求变动的情况。价格每时每刻都在变动,把市场供求的变化信息及时传递给消费者和生产者,使他们做出正确的决策。价格的这种传递信息的作用是其他任何方法取代不了的。其次,价格提供刺激作用。在市场经济中,生产者和消费者都在追求个人利益的最大化。价格是影响他们个人利益最重要的因素。价格下降,使消费者获益,并增加消费;但会使生产者受损失,从而减少供给;反之,价格上升,会使消费者受损,从而减少消费,但会使生产者受益,从而增加供给。在各种激励手段中,价格虽然不是唯一的,但是最重要而且最有效的。最后,价格起决策作用。在市场经济中,成千上万的消费者和生产者分散地、独立地做出决策,只要价格能起作用,消费者就可以根据价格做出自己的购买决策。生产者也可以根据价格做出自己的生产决策。市场实现了供求相等,也就是资源得到了最优配置。当某种商品供过于求而价格下降时,同样的过程也会反方向发生作用,使供求平衡。由此可见,通过价格的变动,可以调节供求,从而调节经济活动，使消费者与生产者的决策相协调，实现供求相等的最优资源配置。

（二）供求机制

市场的供求关系决定市场价格的水平和变动。供给，从实物形态上看，是社会提供的、已经进入市场的、可供购买的商品总量；从价值形态上看，是指社会提供的、已经进入市场的、可供购买的商品和劳务的价值总额。需求，从实物形态上来讲，是指以货币支付能力为条件的社会所购买的商品和劳务总量；从价值形态上来看，是指一定社会购买力条件下的社会购买力总额。

在商品的市场价值既定的条件下，供求关系的变动导致了市场价格的变动；反过来，市场价格的变动又影响市场供求状况的变化。这种关系和运动过程就是市场机制运转的过程。供求关系的变动，能够引起价格的变动和竞争：供不应求的商品，生产者会竞相增加生产，消费者会竞相增加购买，从而引起价格上涨；供过于求的商品，由于生产者竞相减产而价格下降。价格上涨会引起人们竞相增加供给和减少需求；价格下降，则会引起人们竞相减少供给和增加需求。供求关系在不断变动中取得的相对平衡就是供求机制作用的实现形式。

（三）竞争机制

在市场经济中，使用价值与价值的矛盾，以及生产商品的个别劳动时间与社会必要劳动时间的矛盾是产生市场竞争的内部原因，而商品供求状况及其变化是市场竞争发展的外部原因。

在市场经济条件下竞争的主要形式包括商品生产者之间的竞争、商品购买者之间的竞争、商品购买者和生产者之间的竞争。商品生产者之间的竞争分为同一生产部门的竞争和不同生产部门的竞争。同一生产部门的竞争是为了争夺有利的销售条件，主要围绕质量和价格展开；不同商品生产者之间的竞争是为了争夺有利的投资场所。商品购买者之间的竞争是为了争夺有利的购买条件。总之，无论是商品生产者之间的竞争、商品购买者之间的竞争，还是商品购买者和生产者之间的竞争，都是为了使自己获得最大的利益。

三、市场秩序

市场中有无数互不相关的独立决策者，并没有一个明确的协调机构，但市场经济的运行却非常和谐而有序。其奥妙正在于市场机制的自发调节作用。每一种因素引起的变动都会在市场机制调节之下得以完满解决，市场机制如同一只"看不见的手"引导着经济的运行——市场机制有效运行的保障是价格机制、供求机制和竞争机制的有效运行，任何破坏都将影响到市场机制的有效运行，从而影响资源的有效配置。

市场机制要正常运转，发挥有效功能，有赖于法律和信用。法律和信用是维持市场秩序的两个基本工具。

这里所说的"法律"是广义的，包括法律、行政法规、部门规章、规定、政策等。根据经济理论中有关"理性人"和"机会主义"的假定，在市场经济中的任何人都存在机会主义倾向，为避免机会主义行为对市场机制的破坏则需要法律的保障。市场规则要依靠政府的强制力保障实施。政府的主要作用是制定规则，贯彻和监督规则，其前提是所有规则都符合市场经济的运行规律。

政府保证法律的有效不同于对市场的直接干预，维护市场秩序靠法律，但绝不是靠政府的直接参与或干预。如果政府对经济活动给予诸多限制和约束，必然影响市场机制作用的发挥。

信用机制靠市场竞争形成。市场经济是信用经济，市场秩序必须以信用为基础。信用是由交易双方当事人自己维持的。对违约的惩罚来自交易的中断，是由交易一方实施而不是由法律实施的，讲信用不是因为害怕受到法律的惩罚，而是因为害怕失去未来做生意的机会。人们之所以讲信用，一般应具备如下条件：

第一，当事人有追求长远利益的动机，不会因短期的利益而损害自己的声誉。即要求当事人之间进行的是重复博弈，而非一次性博弈。

第二，信息是个人行为受到监督的基础，信息的传递对维持信用机制具有关键的作用。从经济学意义上来讲，信用机制就是让失信的人付出的成本多于应该付出的，或获得的收益少于应该获得的。失信不仅意味着个人的经济损失，而且意味着社会的经济损失，因为它等于社会无端地将一部分资源投入到低劣商品的生产中去。另外，对当事人个人来讲，存在着比商业机会多得多的声誉损失。

第三，人们有惩罚违约者的积极性。如果受损害的人没有积极性或没有办法惩罚对方，机会主义行为就会盛行，市场秩序必定混乱。

法律和信用是维护市场有序运行的两个互补的基本机制，既有互相替代的一面，又有互补的一面。就替代性而言，良好的信用可以大大减少对法律的需求，节约交易成本；就互补性而言，信用和法律常常是互为加强的。一方面，由于大量的交易合同是不可能完备的，如果没有信用，法律也是无能为力的；另一方面，如果没有完善的法律，人们建立信用的积极性就可能大大降低。法律作为维护信用的底线作用不可低估，在很多情况下，严格的法律制裁可以使人们更讲信用。

法律规定交易双方权利和义务的大范围，信用负责法律难以规定或没有规定的状态。因为法律是由第三方实施的，它不仅要求双方当事人能观察到交易行为，而且要求法庭能鉴证这种行为，而在许多情况下，要做到后者是很困难的。与法律相比，信用机制是一种成本更低的机制。

四、建筑市场的概念

建筑市场可以从狭义和广义两个方面来理解。狭义的建筑市场，是指以建筑产品为交换内容的场所；广义的建筑市场，是指建筑产品供求关系的总和。关于建筑市场的内容，都是从广义的角度加以阐述的，其中也包含着狭义的建筑市场。

建筑市场表现为建筑产品、建筑生产活动和建筑市场行为主体三个方面之间的相互联系和相互作用。建筑产品作为建筑市场活动的客体，是具有实物形态的、可供消费和使用的最终产品；建筑生产活动是建筑市场交换活动的具体内容，是建筑产品实物形态形成和变化的过程；建筑市场行为主体是除政府主管机构外，为建筑市场活动的主体，是决定建筑市场交换活动内容和形式的主要方面。政府主管机构并不直接参与市场的交换活动，而是对建筑市场的交换活动起着监督、管理、控制和调节的作用。因此，政府主管机构是建筑市场的行动主体，而不是建筑市场活动的主体。

建筑产品和建筑生产活动之间的联系，在这方面起决定作用的是建筑产品和建筑生产本身的技术经济特点和客观规律。但实际上，是通过人对建筑生产客观规律的认识表现出来的，如制定各种与建筑生产有关的技术规范、编制城市建设规划、制定环境保护法规等。

建筑市场活动主体之间的关系总是以特定的客体为媒介的。从宏观方面看是国民经济总的发展方向和发展状况、各部门之间的比例关系等；从具体的市场活动看，是供求规律、价值规律。当然，建筑生产领域的技术进步也会影响。

建筑市场活动主体之间的关系，是以市场交换活动的具体内容为媒介，与实际的建筑生产活动密切相连。因此，涉及建筑市场具体的交换行为和方式，如招标投标制、承发包方式等；涉及建筑生产工业化和社会化的问题，如发展建筑工业化的途径、专业化和联合化的形式。在这方面起作用的仍然是供求规律、价值规律、竞争机制、资源合理配置和经济性原则等。

第二节　建筑市场需求

一、建筑需求

（一）需求的概念

1. 需要与需求是两个严格区分的概念

需要是指人们为了维持生产和生活的正常进行，对生产资料和生活资料提出的一种欲望或意愿。不同的欲望或意愿就有不同的需要。由于生产力水平的限制和需要本身的不断发展，总有一部分需要得不到满足。需求则是指人们在现有的收入保证范围内对社会产品的一种物质要求和欲望。需求有两个条件：一是人们要有欲望或需要，即愿意购买；二是人们要有收入保证，即有支付能力。因此，需求实质上是受一定收入水平制约的、有限度的需要。

2. 社会总需求与市场总需求的区别

社会总需求包括市场总需求和非市场总需求。市场总需求是指一定时期内各类消费者根据收入，通过市场购买和使用的产品总量。非市场总需求是指一定时期内各类消费者不直接通过市场而使用或消费的产品总量，如实物分配、自产自用产品、某些军工产品或战略物资等。

在市场经济比较发达的条件下，市场总需求在社会总需求中占有主导地位。人们研究社会总需求，往往着重研究市场总需求，因为其能真正反映市场经济的运行规律。

3. 建筑市场需求的物质表现是对建筑产品的需求

无论是作为生产资料或是生活资料，建筑产品都是人们最基本的消费需要。对建筑产品的消费需要，就是建筑市场的需求。建筑市场需求的价值表现是固定资产投资。固定资产投资是建筑市场需求最直接和最综合的体现，是国民经济大系统中与建筑业联系最为密切的因素。固定资产投资的变化和发展，在相当程度上决定了建筑业的发展速度和方向。建筑市场的物质需求和价值需求还会引起建筑生产的间接需求或派生需求。其中，对建筑市场影响较大的是资源需求。

（二）建筑需求的分类

（1）按需求的内容分为生产需求和流通需求。生产需求包括新建、扩建、改建项目工程，属增加性需求；维护工程或恢复工程，属补充性需求或补偿性需求。流通需求包括购买需求（如购买已建成的商品房住宅、公寓、办公楼等已建成的建筑物）和租赁需求（租赁办公室或住宅）。

（2）按建筑需求的性质分为生产性建筑需求和非生产性建设。生产性建筑需求是指用于物质生产和直接为物质生产服务的建设，具体包括以下几类：工业建设；建筑业建设；运输、邮电建设；地质资源勘探建设。非生产性建设，一般指用于满足人民物质和文化生活福利需要的建设，具体包括以下几类：住宅建设；文教卫生建设；公用、生活服务事业建设；科学研究和综合服务事业建设；其他建设。

（3）建筑需求按地区分。我国幅员辽阔，地区的差别很大，所以建筑需求投资在地区间的合理性也很重要。有的地区经济发达，可以先富起来，建筑需求就大些；有些地区经济落后，建筑需求就要适当掌握，像现在开发区热，各地区、各乡镇都搞开发区，全面开花，这是不符合客观规律的。而且建筑需求有强烈的地区性，受区域制约。各地区的经济发展水平和环境条件不一样，投入产出的效益就不一样，因此建筑需求投资要考察地区结构的合理性，量力而为。这也是宏观调控中要注意的。

（4）建筑需求按规模分为国家规模、地区规模、项目建设规模。

国家规模，是指国民经济各物质生产部门和非物质生产部门建筑需求的总和。它是一个综合性指标，是以价值形态表现的，但也可以辅以使用价值指标如新建房屋建筑面积多少平方米，铁路、公路多少公里等。

地区规模，是指各省、市、自治区的建筑需求投资总规模，它要根据地区的财力、物力的可能性进行，过度需求则欲速而不达，会造成"经济失衡"。

项目建设规模，指项目设计文件规定的全部生产能力或效益。如铁路、公路总长度，学校学生席位，医院病床床位等。

建设规模是由大大小小的许多建设项目组成的，小型项目一年内即可完成，大、中型项目跨多个年度，因此要适当安排三个层次的规模。

（三）效用和边际效用递减律

所谓效用，指人们在占有、使用或者消费某种私人产品或服务时得到的快乐或满足。西方经济学对于人类的消费行为有两个基本假设：

（1）总效用递增律，即消费的产品或服务数量越多，消费者从中得到的总效用越大，效用是产品或服务消费量的增函数。

（2）边际效用递减律，即在已经消费了一些产品或服务的基础上，再消费一个单位同样产品或服务能为消费者带来的效用增量，将随着已经消费掉的产品或服务数量的增加而减少。

上述假设基本符合实际。需要注意的是，很多私人产品或服务有多种性质、功能和用途，因而有多种效用。例如，住宅越宽敞，居住者感到越方便，越愉快，这称为总效用递增；但是，更宽敞、更更宽敞……或第二、第三……套住宅能为居住者一次次增加的方便和愉快却越来越少，这称为边际效用递减。

（四）效用函数和边际效用函数

如果效用可以表示成产品或服务消费量的连续函数，则边际效用递减律意味着效用对产品或服务消费量的一阶（偏）导数是消费量的减函数。

（五）有效需求与派生需求

（1）有效需求。有效需求是买主在某一时期按给定的价格，愿意并有能力购买的商品或服务的数量。在建筑市场上，有效需求就是买主希望并有能力购买的建筑产品、建设项目和有关服务的数量。有效需求以买主可支配的购买力为后盾。若拿不出钱来，需求就不能算是有效的。

我国目前建筑市场上的主要买主仍然是政府与国有企业和事业单位。它们对建筑产品和服务的支付能力大部分来自国家预算内和预算外资金、银行接受政府命令发放的以及国家从国际金融机构或外国政府借来的贷款等。现在还没有形成一种有效的制度，让这些单位真正有效地使用和归还这些资金。

城镇居民对住宅的需求是非常巨大的。但是，他们的有效需求还非常弱，主要是因为他们中间大部分人所获得的劳动报酬中，能够用于购买或租用体面的住宅的部分还太少。

农村的住宅、库房和生产设施的需求更是无比巨大。然而，他们并不是通过建筑市场购买设计和施工服务，他们的建造活动很大一部分还带有强烈的自然经济痕迹，属于"非正式部门"。他们的需求也不能算是建筑市场的有效需求。

（2）派生需求。建筑产品的需求可以看成一种投资，因为建筑物的建成一般都要经年累月，而一旦建成就可使用几十年、上百年，由此而来的收益也就持续几十年、上百年。对建筑产品或服务的需求可以称为一种派生需求，如小汽车、电脑、服装、麦当劳和肯德基快餐等产品是最终产品，而用于生产最终产品的厂房、实验室、办公楼等属于中间产品。对中间产品的需求取决于对最终产品的需求。就是说，对厂房、实验室、办公楼等的需求是从对它们所生产的最终产品中派生出来的。对保险公司办公用房的需求派生于对保险的需求；对公路的需求来自对交通便利的需求等。明确这种派生关系，对于预测国民经济对建筑业产品和服务将来的需求量非常重要。不论是建筑设计单位、施工单位，还是材料供应单位、施工机具租赁单位都要善于从这种派生关系中估计、预测自己将来的市场前景。

（六）社会对建筑业需求的周期性

社会对建筑业的需求是周期性的，繁荣一段时间之后随之而来的常常是衰退或萧条。自从20世纪80年代以来，我国建筑业已经经历了两三个较大的起伏，特别1992年、1993年和1994年是建筑业的辉煌时期。那时，许多地方搞"开发区"，出现了"房地产热"，对办公楼、商场和住宅，以及基础设施的需求十分旺盛。但从1995年开始，由于中央政府抑制经济过热，采取了"适当从紧"的财政政策，使国民经济软着陆，于是社会上对建筑业的需求减少。随着需求减少，建筑公司不得不退出本行业，建筑业生产力也就跟着降低。因此而造成的失业使许多有经验的熟练工人离开建筑业。大多数承包公司的用工策略是，只要有大量的熟练和半熟练的工人可供临时雇用，就尽可能地减少长期员工。一个国家或地区到底有多少可供建筑业雇用的熟练和半熟练工人后备力量，各国、各地区不同。具体取决于整个国民经济劳动力市场的经济条件。

二、建筑市场的需求主体——业主

建筑市场的需求主体习惯上称为业主，我国有关法规中以及在实践中常常称为建设单位。业主是一种统称，泛指建筑产品的预订者。业主除了必须为预订建筑产品的生产提供资金外，还必须拥有建筑基地的所有权或使用权，并获得在此建筑基地上建造预订的建筑产品的许可。

（一）业主的类型与业主的工作

业主的范围极其广泛，涉及国民经济的各个领域、各个方面，但从业主的一般意义上将其归纳为政府、企业和个人三大类。

1. 政府作为业主

政府作为业主不是从其机构的角度，而是从建设资金来源的角度理解。政府投资兴建的建筑产品大多是以社会效益为主的公共性建筑，或是对国有资源（如土地、矿藏、森林、江、河、湖、海等）开发和利用的建筑。例如，国防工程、大型水利电力枢纽工程、矿山、高速公路、铁路、桥梁、港口、码头、城市道路和供水排水系统、文化、教育、卫生设施等。政府作为业主，从机构的层次来说，可以是中央政府或地方各级政府；从机构的内容来说，可以是国民经济中的各个部门或系统。

不同经济制度的国家，政府作为业主的比例有很大差异，即使经济制度相同的国家，政府作为业主的比例亦有所不同。我国是社会主义国家，国有资源的范围较广，大中型企业多为全民所有制，因而政府作为业主的比例很高。在经济体制改革后，采取了一系到措施，如政企分开、拨款改贷款、企业实行股份制等，政府作为业主的比例逐渐下降。随着我国经济体制改革的进一步深化，这一比例还将继续降低。

政府作为业主时，主要的资金来源为财政预算。我国曾在较长时间内将此作为政府投资的唯一渠道。实践证明，这不利于我国社会主义经济建设的发展。自改革开放以来，政府项目投资资金的筹措方式变得灵活、多元化，如发行建设债券，向外国政府或金融机构借款。

加入国际金融组织并利用其优惠的贷款条件，制定优惠政策吸引外国企业向土地开发、城市基础设施等领域投资等；并学习运用国际上一些新的资金筹措方式（又称融资方式），如 BOT、BT、PPP、融资租赁等。采用多渠道的资金筹措方式，对缓解我国建设资金不足的状况起到积极作用。

2. 企业作为业主

企业作为业主在大多数情况下是出于扩大再生产或简单再生产的需要。这里所说的企业是指有独立经营权利和能力的社会经济实体，如工业企业、商业企业、旅馆、银行、保险公司等。大型企业盈利能力强，需要并能够经常扩大再生产，其作为业主的频率较高，相应地也就较有经验；而中小型企业只是偶尔作为业主，缺乏这方面的经验。企业用于扩大再生产的投资大大超过政府对公共建筑等的投资，但是，企业投资兴建的建筑产品的平均规模远小于政府投资兴建的建筑产品的平均规模。因此，从数量和频率上来看，企业作为业主的比例更高。目前在我国，这一比例与政府作为业主的比例呈此长彼消的态势。

企业作为业主时，筹措资金的渠道很多也较为灵活。自有资金是企业投资的一个重要来源，但不是唯一来源。如果完全依靠自有资金进行扩大再生产，企业的发展速度就比较缓慢，常常可能失去良好的投资机会，因而在经济发达国家，自有资金占企业投资的比例已经很低。企业可以通过银行贷款、发行股票或企业债券、向其他企业或个人集资等方式筹措资金，前提是企业拥有较强的经济实力，经营情况良好且有较高的社会信誉。企业也可以与其他企业合资兴建某一建筑产品，合资对象可以是国内企业，也可以是国外企业。对于可以直接销售或出租获得收益的拟建建筑产品，如通用办公楼、高级公寓、一般民用住宅等，若市场需求量大而供给量紧缺，可以采用预售的方式筹措资金。

3. 个人作为业主

个人作为业主在大多数情况下出于个人消费的需要，在少数情况下出于资金保值的考虑。个人投资兴建的建筑产品主要是住宅。目前我国城市居民自建房的比例极低，个人投资建房集中在农村。但农民建房在我国现阶段大多仍采用传统的自建共助方式，与社会化大生产条件下严格意义的业主相差甚远。我国全面改革住房制度后，城市居民主要是购买成批建设的商品房，而不会成为私人建房的业主。这一方面是由我国城市土地属国家所有的制度决定的；另一方面是因为我国人口密度高，城市人口密度更高，不宜建造土地利用率不高的独户住宅（多为1~3层）。

个人作为业主时，资金的来源主要是自有资金和银行贷款。个人建房要取得银行贷款，往往需要具备一定的条件。例如，已参加住宅专项储蓄且储蓄额已达到规定的额度，或有可靠的正式职业且收入水平可以偿还贷款等。许多国家对个人建房买房都制定较为优惠的政策，如贷款利率低，甚至减免所得税等。个人建房筹措资金的一种特殊方式是自行完成工作量。例如，自己设计、自己施工，甚至自己制作简易的构配件、烧砖瓦等。自行完成工作量虽然未创造实际的资金，但从机会成本的观念来分析，如果不是业主自己完成这些工作，而是委托社会化的专业机构来完成，业主必须付出资金，因而自行完成工作量可以看作筹措资金的一种特殊方式。

以上三类业主的区别是明显的，但并不一定截然分开，有时可能在同一建筑产品上同时出现多个或多类业主，即形成"混合型"业主。就政府业主而言，可能由中央政府、省政府、县政府共同投资兴建某一工程。最为典型的是道路工程，许多国家都采用各级政府共建的方式。政府也可能与企业共同构成业主，政府对企业投资或政府占有企业的固定资产。

除了筹措资金之外，业主还要完成：①明确拟建工程范围并确定项目的总目标（包括工程的建设规模、内容和组成、质量、投资规模、建设工期及重要的时间要求等）；②提供建筑基地并负责完成施工前的现场准备工作（包括办理征地、拆迁工作、地下权、地上权问题、城市规划对该建筑基地使用的规定或限制、相邻建筑的关系）等；③办理各种与工程建设有关的审批手续（如用水、用电、消防、环保、道路占用、交通改线、管线搬迁、施工许可证等）；④对工程实施的全过程进行管理（从设计前准备阶段到设计阶段、施工阶段，直至交付验收、保修阶段，都要进行项目目标控制，即投资控制、进度控制和质量控制）。一般来说，业主均缺乏建筑生产方面的专业技术知识和经验，更缺乏建筑生产方面的管理知识和经验，常常需要委托专业化、社会化的咨询机构为其进行项目管理。

（二）业主与用户的区别

建筑产品的用户分为两类：一类是建筑产品的用户与所有者相一致，另一类是建筑产品的用户与所有者不一致。

对于政府作为业主的大多数建筑产品来说，用户与所有者不一致，而且用户的范围极广。企业作为业主的少数建筑产品，用户与所有者也不一致，如出租用的住宅、办公楼、旅馆等。个人作为业主也可能出现类似情况，如子女继承父母的房产等。在大多数情况下，用户主要考虑的是建筑产品的使用功能和要付出的相应代价，与业主的出发点有所不同，有时甚至大相径庭。

作为业主，无论是政府还是企业或个人，当自己不作为拟建建筑产品用户时，必须充分考虑用户的愿望和要求，才能充分发挥拟建建筑产品的作用，使业主和用户的利益统一起来，否则，就可能事与愿违。不过，要做到这一点是很困难的，尤其是在政府作为业主时，往往"众口难调"，很难满足所有用户的要求，只能以政府和大多数用户的利益为出发点。

三、建筑需求的特征

（一）鲜明的个别性

对建筑产品的消费需要和消费能力决定了建筑市场需求的个别性。当建筑产品作为生活资料时，由于消费者个人喜好、教育程度、文化素养、对建筑艺术的鉴赏能力等方面的不同，对建筑产品使用功能的需求也就不尽相同，对建筑产品的造型、内部空间和平面组合与布置也各有选择或偏爱。同时，由于消费者的社会地位、经济收入、家庭负担等方面的差异，主观的要求和需要必须与客观的条件相结合才能形成现实的、对建筑产品的需求。同样，当建筑产品作为生产资料时，作为消费者的企业在生产规模、生产工艺、产品特征、企业组织等方面均有显著差异，加之各企业的经营状况、盈利水平、企业发展战略、扩大再生产的能力等方面也互不相同，因而对建筑产品的需求也表现出鲜明的个别性，在相当程度上决定了建筑市场的供给方式。

各类建筑的设计规模、建设内容、结构特点等各不相同，具有个别性与单件性。建筑即使同一类型工程或者标准设计（如同一类型的厂房、住宅），由于地质条件、气候、交通运输、原材料来源的不同，建设费用也不一样。这个特征决定了建筑供给的方式不可能与工业产品一样大批量地重复生产。虽然各国都提出了工业化生产，但由于建筑需求的个别性，所以工业化的难度很大。

（二）明显的区域性

建筑产品的固定性，使建筑市场中不存在建筑产品的实物流通，从而形成建筑市场需求的区域性特点。它首先表现在需求的内容因地区而异。不同地区的社会、经济、技术、文化、风俗等方面的差异，在建筑市场的需求上形成区域性的形和质的差别，这种差别是在区域的历史传统中逐步发展而形成的。当代社会随着各地区间经济、文化等方面交流、渗透的日益加强，同一地区建筑产品的造型、风格也日益多样化。即使如此，区域性仍然明显存在。区域性还表现在建筑市场需求的变化因地区而异。生产力发展的不均衡，使原本技术经济条件、历史文化背景等方面基本相同或相近的地区之间，产生新的差异；同样，原来技术经济等方面条件差距较大的地区之间也可能日益接近。这些变化的过程及结果，都导致不同地区建筑市场需求变化的速度和方向各不相同。建筑市场需求的区域性是导致建筑市场区域性的主要原因之一。

（三）需求的间断性

建筑产品的使用寿命长达数十年、上百年，对于特定建筑产品的特定消费者来说，需求具有一次性的特点。对许多建筑产品的需求都不是连续发生的，而是断断续续的，其间隔时间很长。建筑市场需求的间断性，是对建筑产品的消费主体而言的。如果从整个建筑市场来考察，需求仍是连续的、大量的。对于建筑产品的供给方来说，由于需求者及其需要的建筑产品是不断变换的，仍然可以认为需求是间断的。正是需求的间断性，使得建筑市场的消费者相对缺乏以建筑产品作为商品交换对象的知识和经验，也容易导致建筑产品消费需要与消费能力之间的矛盾，在客观上形成对建筑产品消费需要满足程度较低、对建筑产品的需求过热的现象，此外。间断性还导致建筑市场需求变化的不稳定性，其波动幅度比一般商品的市场大，当然建筑市场需求的总体变化是多种因素综合作用的结果，并不仅仅取决于需求的间断性。

（四）需求弹性小

需求弹性，是指需求价格弹性，是对作为生产资料和公共设施的建筑产品的需求弹性。

建筑产品作为生产资料有两种最基本的情况：一是作为直接生产资料，即由建筑产品直接取得收益，如宾馆、商用办公楼等；二是作为间接生产资料或辅助生产资料，而不能直接取得收益，如厂房、仓库等。对于作为直接生产资料的建筑产品来说，其需求主要取决于收益价值，即在使用寿命（技术寿命或经济寿命）内能取得多少收益，价格因素的作用退居其次，因而需求弹性较小。对于作为间接生产资料的建筑产品来说，需求主要取决于其辅助生产的产品的投资效益。建筑产品的价格在一次性投资中所占的比例较小，而且使用寿命长，不需要随生产工艺、设备的更新而更新，从而使建筑产品价格在产品成本中的摊销比例很低。因此，对这类建筑产品来说，价格高低不是决定性因素，相应的需求弹性也较小。

对于作为公共设施的建筑产品，如道路、城市供水排水管线、污水处理厂等，一般都不从中直接取得收益，而投资额却往往是相当大的。对这类建筑产品的需求，主要取决于社会需要及其产生的社会效益，以及一定时期内国家或政府的经济实力。其中，国家或政府经济实力所能满足的社会需要即为这类建筑产品的需求总量。由于总有轻重缓急之分，究竟选择哪些具体的建筑产品，要通过比较它们的社会效益才能决定，涉及社会效益的评价方法和指标。对这类建筑产品进行社会效益分析和评价时，价格因素是必须考虑的因素之一。但往往并不起决定性的作用，尤其是当社会需要满足程度较低时，价格对需求的影响更小，因而需求价格弹性也较小。

（五）一定程度的计划性

在资本主义国家，虽然实行市场经济制度，但政府投资仍占有相当大的比例，而且大多是用于公共设施或其他以社会效益为主的建筑产品，具有很强的计划性，相应的建筑市场需求表现出计划性的特点。

我国社会主义市场经济的发展需要大规模经济建设，对建筑产品的需求在总体上表现为固定资产投资。我国的固定资产投资具有很强的计划性，内容上，包括投资规模计划、新增生产能力和新增固定资产计划以及建设项目计划；时间上，有长期计划、中期计划和年度计划；此外，还有严格的项目审批程序。即使在投资来源实现多元化之后，计划性也依然存在，不仅对国家投资项目有严格的计划，民间投资也要纳入全社会固定资产投资计划的范围，连作为消费资料的住宅建筑也不例外。当计划性合理可行、符合客观经济规律时，可使建筑市场的需求呈现出稳定、连续发展的局面，有利于充分利用社会资源和提高社会生产力；反之，则可能造成建筑市场的需求大起大落，引起供求关系的失衡，不利于国民经济和建筑业的发展。

企业和个人对建筑产品的需求，也有计划性。建筑产品价值巨大、建设周期长，从消费能力和产品供给两方面来看，都不可能做到随时想买就买、想要就要，而必须从长计议。作为企业，无论是简单再生产还是扩大再生产，都不是临时的决定，而是综合企业的现有生产能力、市场占有率、盈利水平、发展战略等多种因素决定的，即由企业计划决定。对于个人来说，对建筑产品的需求主要表现为对住宅的需求。住宅消费在消费结构中的比例大，一般中等收入的家庭至少得积蓄 10 年才有能力买房或建房，因而也必须预先有一个家庭计划。

四、建筑市场的投资需求

如前所述，建筑市场的需求在总体上表现为固定资产投资。因此，固定资产投资对建筑市场有举足轻重的影响，这种影响主要表现在投资需求以及相应的投资规模、投资结构和投资项目四个方面。

（一）投资需求

投资需求既包括固定资产投资需求，也包括流动资产投资需求，这里仅考虑固定资产的投资需求。要合理地确定固定资产的投资规模，必须正确地提出固定资产的投资需求。这主要取决于以下几方面因素：

1. 社会经济发展的需要和投资系数的高低

发展生产，不仅从发展速度上影响固定资产的投资需求，而且从结构比例上影响投资需求。由于各生产部门的技术装备程度不一，因而对投资总量的需求也发生相应的变化。生产发展对生产性固定资产投资的需求，包括重置投资（更新投资）和净投资（新增投资）两个部分。其中重置投资是利用基本折旧进行投资，一般按照折旧更新的规模数量来确定，因而研究投资需求的关键，是要确定净投资的数量和规模。一般地说，国民经济增长得越快，需要增加的净投资也越多。同时，固定资产投资系数（每增加单位国民收入所需要的生产性固定资产投资额）的高低，也会影响投资的需要量。若以 I_1 表示生产性固定资产净投资需要量，ΔV 表示国民收入增加额，K 表示投资系数，则有下式：

$$I_1 = \Delta V K$$

投资系数与固定资产利用状况密切相关。固定资产利用情况好,增加单位国民收入所需要的投资额就减少;反之,就增加。必须看到,随着资金有机构成和建设标准的提高,单位生产能力的投资需求量有逐步增加的趋势。

2. 人口增长和人民物质文化生活水平提高的要求

在人口不断增长的条件下,要保证人民物质文化生活水平的不断提高,不仅要求生产部门直接提供日益丰足的生活资料以满足经常消费的需要,而且要求增加非生产性的固定资产(主要是住宅建筑)以满足长期消费的需要,还要求增加文化、教育、卫生、旅游、娱乐等各种设施以满足社会集体消费的需要。若以 I2 表示非生产性固定资产投资需求量,F 表示基期平均每人拥有的非生产性固定基金数量,ΔF 表示计划期平均每人增加的非生产性固定基金数量,P 表示基期人口数,ΔP 表示计划期新增人口数,则有下式:

I2=FΔP+ΔF(P+ΔP)

I1 和 I2 之和为社会净投资需求量,加上折旧重置投资需求,即为全社会对固定资产投资的需求总量。

3. 在建工程规模和投资方式的变化

在建工程是指在前期和本期开工,但本期内不能发挥效果,还在建设的未完工程。在投资额一定的条件下,如果期末未完工程价值大于期初未完工程价值,在建工期的规模就要扩大,从而投资需求量也会随之增加。另外,投资需求量随着在建工程所处的阶段而有所不同。如果在建工程大多数处于厂房建设和设备购置阶段,则所需投资就较多;如果多数在建工程处于收尾阶段,则所需投资就较少。在建工程规模过大,会占用过多的人力、物力和财力,延长建设周期,降低投资效果,并影响当前的生产和人民生活需要;在建工程规模太小,又会使人力、物力和财力得不到充分利用,影响未来时期生产的发展和人民生活的改善。

扩大再生产既可以通过设备更新和技术改造的方式进行,也可以通过新建、扩建的方式进行。采用不同的投资方式,为达到同样大的生产规模,所需投资相差较大,对建筑业的需求也大相径庭。据统计,改造现有企业要比新建同样生产能力的企业节省投资 50% 左右,对建筑业的需求量也较少。当然,改造现有企业也有一定的限度,需要有一定比例的新建、扩建投资。因此,正确处理更新改造和新建、扩建的关系,对社会总投资的需求量有着直接的影响。

(二)投资规模

投资规模是指一定时期内的投资总额。确定投资规模,仅仅考虑投资需求是远远不够的,还必须充分考虑投资的实际可能性。要根据国家在一定时期内的财力、物力和人力等许可条件量力而行,这是防止"投资饥饿症"的根本措施。

1.固定资产投资规模受折旧基金和积累基金的制约

折旧基金的数额受固定资产数量和折旧率的制约。折旧基金中一部分是大修理基金，另一部分是基本折旧基金，只有基本折旧基金才能用于投资。基本折旧基金按理应全部用于补偿更新，但由于固定资产存在扩大再生产的特点和规律，因而在被提取的折旧基金中，有一部分作为固定资产净投资之用。由于现代社会技术进步日新月异，即使是作为重置更新用的固定资产，也不是简单的"重置"，而应该注意采用先进技术，使固定资产更新建立在不断现代化的基础上。积累基金受国民收入和积累率的制约。

2.固定资产投资包括机器设备购置和建筑安装工程

机器设备采购直接受设备供应数量的制约，建筑安装工程则要受建筑材料以及燃料、动力、运输、工具等物资供应的制约。在一定的技术条件下，投资额与所需要的设备、材料之间有一定的比例关系。因而需要从宏观范围进行物力条件的平衡和计算，并且从实际出发，考虑其他有关条件加以确定。所以，在确定投资规模时，必须与可用于投资的物资总量、构成和供给时间相适应，不留缺口，把投资规模建立在可靠的物资基础上。

3.我国劳动力资源丰富，供给弹性大

我国劳动力资源丰富，供给弹性大，从数量上满足建筑施工的需要是不成问题的。但是，如何扩大技术力量，保证设计力量与施工力量的协调和平衡，提高施工队伍的素质，仍然是一个重要问题。

根据财力、物力、人力条件确定的投资额，一般是不完全一致的，需要通过反复的综合平衡来确定合理的投资规模，并且力求与长期规划结合起来。由于固定资产投资项目的建设周期一般都需要几年甚至十几年的时间，这些建设项目在各年度中所需要的财力和物力是不等的。因此，投资规模是否合理，从一年的平衡来看还不行，必须有长期规划，进行各年的测算和平衡，才能保证投资规模与所需的物力、人力在较长时期内基本保持平衡。

由于投资涉及面广、影响时间长，当投资规模适当时，可以促进国民经济持续、稳定、协调地发展；如果投资失度、规模膨胀，将造成财力、物力的缺口，迟早要被迫压缩。投资规模的陡升陡降，将影响国民经济的稳定发展，造成无法挽回的损失。因此，保持投资规模的稳定增长，对于国民经济的持续、稳定、协调发展是至关重要的，对于建筑业的持续、稳定、协调发展也是至关重要的。

（三）投资结构

投资结构，是指投资在国民经济各部门、各地区、各类项目之间的分配比例。投资结构所表现出的比例关系比较多，其中最主要的是投资的部门结构和地区结构。在一定时期内用于建设的投资是有限的、既定的，因此，投资结构成为决定和改变经济结构和经济布局的关键。为了最大限度地发挥资金的使用效果，必须使各种投资比例合理化，也就是使投资结构合理化。

1. 投资结构表现为建筑产品的需求结构

在建筑市场供求总量基本平衡的前提下，投资结构的变化可能导致建筑市场供求关系的失衡，即在某些领域出现供大于求、在另外一些领域却出现供小于求的局面。因此，从供求结构的角度来看，建筑市场供求总量的平衡未必是真正的平衡。更重要的是，要保证建筑市场各个领域、各个方面的供求平衡。这就要求建筑市场的供给结构具有一定的灵活性，能够在一定范围内及时调整，以适应需求结构的变化，保持建筑市场供求关系的动态平衡。

2. 投资结构对建筑市场的影响主要体现在地区结构和部门结构

投资的地区结构受资源、社会、经济和技术等多种因素影响。我国各地区经济发展很不平衡，需要进行投资的地区结构研究。在确定投资的地区结构时，固然要考虑包括建筑生产力条件在内的资源条件，但当投资地区结构比较合理、符合国民经济的发展战略时，更主要的是要求建筑生产力的布局与其相适应。由于建筑市场具有区域性的特点，供给结构的自发调节受到一定的限制，当投资地区结构出现较大变动时，容易导致不同地区建筑市场供求关系的失衡，从而使建筑市场总体供求关系也失去平衡。从这一意义上来说，地区建筑市场供求关系的平衡是建筑市场总体供求关系平衡的前提。

3. 投资的部门结构是决定和改变生产结构的重要手段

投资的部门结构在一定程度上决定了各部门的发展速度和比例关系，也在很大程度上决定了国民经济的发展规模和增长速度。投资的部门结构对建筑生产专业化的发展有相当大的影响。我国施工对象专业化的建筑企业一般都表现为部门专业化。这些建筑企业平均规模较大，技术装备水平较高，经营的业务范围较窄而地区范围却较宽，在其专业化的生产领域内具有较大的优势，但同时亦相应地缺乏灵活性。当投资的部门结构有重大调整时，就可能使相应的建筑市场供求关系失去平衡，而且，由于部门专业化对技术水平和装备水平要求较高，这种不平衡的状况将在较长时间内存在。此外，新建与维修的比例、房屋建筑与土木工程的比例等，也都是影响建筑市场供给结构的重要因素。

五、建筑市场的资源需求

建筑市场的资源需求包括对建筑材料、劳动力、水、电、热、气等的需求。其中，以建筑材料、劳动力对建筑市场的影响最为突出。建筑市场资源需求的供给主体与投资需求的供给主体有本质的不同。

（一）建筑材料

建筑材料工业实际上是生产建筑材料的各种行业的统称，而这些行业之间并没有共同的特点。建筑材料工业的生产方式各不相同，既有处于现代工业前列的，如钢铁、水泥、玻璃、化工等工业，也有属于第一产业的，如林业（木材），还有像石材、碎石、砂子那样的采石业。这些行业的产品作为建筑材料占其总产品（或销售额）的比例也相差悬殊，多的可达100%，少的只有百分之几或更少。通常所说的建筑材料工业，主要是指那些产品作为建筑材料的比例很大和较大的产业。如型钢、圆钢、钢管、平板玻璃、木材、水泥及其制品、陶瓷制品、黏土砖瓦、石材、碎石、砂子、沥青、合成板等。

建筑产品的生产过程，同时也是物质资料的消费过程。其中对建筑材料的消费占有相当大的比重。据统计，我国建筑产品价格构成中建筑材料费用所占的比例一般在60%左右，可见建筑材料对建筑业的重要性。从建筑工程的发展历史来看，建筑材料的发展在一定程度已决定了建筑工程的发展，也在相当程度上决定着建筑业的发展。从某种意义上来说，没有建筑材料就没有建筑业。当然，建筑业的发展则对建筑材料不断提出新的需求，从而促进了建筑材料工业的发展。也就是说，相对于建筑材料工业而言，建筑业是需求；相对于建筑业而言，建筑材料工业是供给。建筑材料市场也就由此而形成。

（二）劳动力

由于建筑业是劳动密集型物质生产部门，手工操作比重大，因而劳动力的数量和素质在很大程度上决定着建筑业的生产能力。这表明，劳动力市场的状况如何，将对建筑市场的供求平衡产生重大影响。

第三节　建筑市场供给

供给与需求相对应。就建筑市场的物质需求和价值需求而言，与建筑市场的投资需求主体相对应，建筑市场的供给主体是建筑产品的生产者和服务提供者。其中，建筑产品的生产者包括设计机构和施工机构，而服务提供者则是咨询机构。

与一般市场的供给相比，建筑市场的供给具有许多特点，尤其在施工方面表现最为突出，具体表现在以下几个方面：

一、供应量

建筑市场上，建筑产品和服务的供应量指建筑企业和其他生产要素的提供者在某一时间内和一定价格水平下，愿意并且有能力提供的产品和服务的数量。供应可以分为建筑企业和其他生产要素提供者的供给和整个行业的供给。

建筑或其他工程公司，其施工服务的供应量就是在某一时间内和一定价格水平下，他们愿意并且有能力提供的施工服务的数量。供应量可以区别为个别的建筑或其他工程公司，以及指整个施工行业的供应量。然而，这样的施工服务数量是很难量化的。

建筑师、工程师、工料估算师、律师或其他专业事务所，如设计院提供的服务是很难量化的。然而，这些人提供的专业服务，可以通过若干名建筑师花在某一具体项目上的时间多少来表示。尽管这样做没有考虑服务的质量，也没有考虑建筑师的能力。上述专业的供应量就是建筑师在给定的时间内，愿意并且能够提供的服务数量。供应量可能指的是个别的专业事务所或设计院，也可能指整个专业，例如全北京市所有设计院愿意并能够提供的设计服务。

（一）有效供给和潜在的供给

与需求量一样，供应量也可以区分为有效供给和潜在的供给。有效供给可以定义为真正能满足买主需求的建筑产品和服务数量。有效供给是很难计算的。潜在的供给可以按照从事建筑业的人数、建筑企业的数量、一定时期内能够设计或施工的建筑面积等来计算。从我国建筑业从事施工的人数和建筑施工企业个数近30年的变化情况看，可以大致反映我国建筑市场潜在供应量的某些方面。1985—1992年为全民和集体所有制建筑企业数字；1993—1995年为建制镇以上建筑企业数字；1996—2001年为资质四级及以上建筑企业数字；2002年为具有资质等级的施工总承包和专业承包建筑企业数字。

（二）我国建筑市场上的有效供给

我国建筑市场上的有效供给远远不能真正满足有效需求。

（1）建筑工人的技能、咨询和设计人员的能力和管理人员的管理水平还不高。近些年来，咨询、设计和施工质量经常出问题。

（2）我们的建筑企业还不能与国外相应的企业、咨询和设计人员匹敌，不能向市场上的买主提供他们需要的产品和服务。例如，设计-施工、施工管理和管理合同服务已经在国外盛行了多年，但是在我们国家还没有几家企业可以提供这样的服务，更不用说集可行性研究、融资、设计、咨询、施工和运营为一体的BOT项目，即使单纯的设计，我们也还不能完全同国外的设计公司竞争。尽管BOT项目融资方式在国外应用相当广泛，对我国而言却是较新的融资方式，由于投资环境、具体运作以及BOT方式本身的复杂性等因素的限制，BOT方式在我国尚处于探索阶段，大规模开展仍存在很多困难和问题。

（3）在国外市场上，我们能够提供的还仅仅限于施工服务，甚至限于劳务。对于很有赢利前景的咨询和设计市场，我们还不能与发达国家和地区的一些公司竞争。

（4）大多数建筑企业不能及时适应建筑市场需求结构的变化。如进入20世纪90年代，市场上对房屋建筑施工的需求减少，而对公路等基础设施的施工需求增加。而许多建筑施工企业只擅长房屋建筑施工，不能承担公路等基础设施的施工。

所有这些都说明，我们建筑企业的有效供给不足。但是，不少的建筑企业，甚至一些政府官员和学者还未充分认识到这一点。他们看到的是，目前建筑市场上一方面需求不足，另一方面建筑企业和从事建筑施工的工人、设计人员的数量太多，超过了实际需要。已经有学者指出，我国目前国民经济整体表面上的需求不足掩盖着供给不足。最值得担忧的不是需求不足，而是影响我国国民经济长远持久发展的供给不足。因此，他们主张充分利用市场机制，加强供给。这种看法同样也适用于建筑业和建筑市场。

二、供给价格

（一）建筑产品和服务的供给价格

供给价格指建筑企业（建筑市场上的卖主）为提供一定量建筑产品或服务所愿意接受的最低价格。

（二）供给法则

供应量取决于所供应的产品或服务的供给价格。例如，建筑师供给的服务数量决定于他们向顾客收取的设计费。假定所有其他因素保持不变，则供求第二规律起作用。建筑师从顾客那里能收取来的设计费越高，则他们能够提供的时间越多；预期收到的酬金越少，他们花在给定项目上的时间就越少。供求第二规律又称供给法则。一般而言，在所有其他条件不变时，产品或服务的供给价格越高，供应量就越大；供给价格越低，供应量就越小。

（三）供给曲线

供给曲线可表示个别专业事务所或设计院，也可指整个专业的情况。若是整个专业，将所有个别专业事务所或设计院的供给曲线加总后就得到整个专业的供给曲线。完全竞争的个别企业和整个行业的供给曲线实际上分别是企业的边际成本曲线和该行业所有企业边际成本曲线横坐标之和。

由供给法则或供给曲线反映的供给规律适合于大多数产品、服务和生产要素，包括建筑产品在内。但是，对于某些特殊的产品、服务或生产要素，供给法则不适用。

例如，在劳动力价格即工资水平提高后，供给增加。但是，当工资水平上升到一定程度之后，劳动者对货币的需求不像以前那样迫切，相反需要有更多的闲暇时间。从而，工资再上升，劳动力的供给也不会增加，甚至还可能减少。

三、建筑供给的特征

建筑供给与需求是相对应的，上述某些对建筑需求形态的划分和特征也适用于建筑供给，两者只是主体不一样，一为买方——需求者，一为卖方——供给方。当然主体不同，也会产生其某些不同特征。

（一）建筑企业平均规模偏大

1990 年，我国有资质的建筑业企业平均规模为 477 人，与美国和日本的建筑业企业的平均人数 10 人左右相比偏大。而且绝大多数企业属于大中型企业，人数在 300 人以上，小型企业的比例过小。这种企业结构的构成除了大型工矿企业和技术比较复杂的建设项目外，大、中、小型建筑企业进入一般建筑市场的层次和扮演的角色基本相同，使建筑业形成无序的过度竞争。

另外，从职工人数规模上看，我国大型建筑公司较多，但与国外大型建筑公司相比，我国缺乏经营规模意义上的大型建筑公司和超级建筑公司。例如国际 225 家承包商的营业额排名中，我国 30 余家公司进入行列，但营业总额还不及第一、二名的营业总额。从效益上看，以 1996 年为例，日本大成建设公司年利润 2.3 亿美元，人均利润 17700 美元，我国某公司人均利润却只有 80 美元，而美国福陆丹尼尔利润也有 2.7 亿美元，人均利润为 9800 美元。

（二）建筑供给的内容是生产能力

所谓供给，是产品供给的简称，是指由生产者通过市场提供给需求者的产品量。换句话说，供给的内容是产品，是具有使用价值可供人们直接使用的产品。在建筑市场中，供给的内容不是建筑产品，而是生产各种建筑产品的能力。因为是订货生产，所以只按合同规定生产，不一定是提供具有完整使用价值的最终产品，如只承包住宅的基础工程，土方工程或装修工程等，只要具备专业化或综合施工能力就行。由于建筑产品是先有用户的需求，后有供给，即生产，因而建筑市场供给者投入的物化劳动和活劳动总是与建筑产品需求者既定的使用价值相适应；在建筑市场中，不会出现由于供过于求而导致的产品过剩或产品不适销对路的现象；在建筑市场中，对建筑产品使用价值的需求和供给，在总量上永远是平衡的。建筑市场中供求关系的不平衡，表现在体现需求总量的投资额与体现供给总量的生产能力之间的不平衡。市场机制调节的对象不是具有使用价值的建筑产品，而是创造这种使用价值的生产能力，调节机制主要是通过供求关系变化而产生的价格变化实现的。

建筑市场供给的特点并不能避免建筑产品生产能力供过于求的现象。如果出现这一现象，就不能充分发挥现有生产能力，同样也是社会资源的浪费。因此，应当尽可能使建筑生产能力与投资需求之间保持大致的、动态的平衡。

建筑市场存在产品不适应需要而引起的浪费，这种浪费不是供给者造成的，而是需求者决策不当的结果。由于建筑产品价值巨大及其固定性，所产生的物质资源的浪费是巨大的，应当尽量避免发生这种情况。

（三）建筑供给弹性大

产品供给量归根到底是由生产量决定的。由于资源的稀缺性，人们不能无限量地生产某种产品，因而也就不能无限量地供给。在一定时期内，生产者愿意生产并能供给社会的产品数量受到诸如技术、资金、价格等多种因素的影响，其中价格是最重要的因素，生产者对它的反应最为敏感。价格越高，对生产者越有利，越想多生产该产品；反之，就要减少该产品生产，这在经济学中称为供给的一般规律。它表明，产品的价格变动引起供给量同方向的变动，是产品的共性。不同产品的性质、用途和生产情况等不同，价格变动引起的供给量变动幅度也互不相同。

建筑业是劳动密集型行业，劳动力的构成因素较强，通过增加劳动力数量扩大生产能力是一条简便又适用的途径。特别是在传统的不需要高技术的中小工程上，中、小企业很容易进入。中小型建筑企业的成立一般不需要大量资金，也不一定要掌握什么特殊或高难的技术，这就为其他行业的劳动力转向建筑业提供了便利的条件。过去俗语所说"一把铁锹、一把瓦刀，就可以拉起建筑队伍"，就是这个意思。我国每次经济大发展都带来建筑队伍膨胀。这表明建筑市场的供给弹性较大。另外，从建筑产品生产过程中所要消耗的材料来看，大多数属于常用材料，相应的生产技术和工艺并不复杂，也比较容易扩大生产能力，建筑生产能力的扩大受原材料的制约不是很大。

（四）供给被动地适应需求

现在世界各国建筑供给者认识到被动适应需求这个特征，力求变被动为主动，因此一方面开拓新兴事业领域，搞开发工程投资，房地产开发，多种经营，尽量争取参与项目规划、可行性研究，以便更易承揽新工程，争取变被动为主动。另一方面尽量减少资产和人力的固定，经常保持经营的伸缩性，以适应建筑需求变化大、供给被动的特征，求得发展。

在一般市场中，从生产是本源的角度出发，可以认为供给决定需求。但供给是否满足需求、适应需求，却又在很大程度上取决于需求。也就是说，需求可以反作用于供给。从另一方面来看，供给并不是被动地适应需求，而是通过不断改进、完善原有产品并开发新产品来主动地适应需求，甚至还能引导消费和需求。因此，在一般市场中，供求双方基本上处于平等的地位。一般市场中基本上由供给者决定的内容，在建筑市场中却主要由需求者决定，而供给者只能接受订货生产，按照需求者的要求（包括产品的形式、功能、质量、价格、供货时间等）进行生产，一般为接受订货承包生产，不能像一般商品生产者那样通过对市场分析与预测、自主决定所生产的产品品种、数量、价格等内容，只是被动的供业主选择订货供给，业主主要是选择有信用，重视质量、工期，价格合理的供给者承包生产。因此建筑企业经营的主要武器应该是创造信誉，创造优质工程。没有实际成绩，就得不到信任，很难接到供给订货，承包生产。

在建筑市场中，不仅供给者总体要适应需求者总体，供给者个体也要适应需求者个体，而且后两者表现得更为直接和突出，供给适应需求的被动性也主要表现在这个方面。由于这个缘故，建筑市场供给者在生产的计划性和科学性、产品的开发和规划等方面都显得相对较差。当然，建筑市场供给者并不是绝对被动地适应需求，也可以主动地去适应需求，但其表现形式与一般市场的供给者不同，主动适应需求的内容也比较单一，主要是从生产技术和生产工艺的提高和开发方面主动适应需求的变化，而且作用较为有限，不能改变建筑市场供给被动适应需求的特点。

（五）建筑产品供给者之间的竞争激烈

建筑业生产要素的集中程度远远低于资金、技术密集型行业，不可能采用生产要素高度集中的生产方式，而是采用生产要素相对分散的生产方式，大型企业的市场占有率较低。因此，在建筑市场中，建筑产品供给者之间的竞争较为激烈。由于建筑产品的不可替代性，建筑产品的供给者往往无法自己制订产品计划和相应的生产计划，基本上是被动地适应需求者的要求。

建筑产品的类型、形式、功能、质量标准等有关其使用价值的内容是由需求者决定的，也是每个参与竞争的供给者必须满足和实现的，因而建筑产品供给者之间的竞争首先表现为价格上的竞争。作为建筑产品的供给者，既要保证实现既定建筑产品的使用价值，又要尽可能降低实际消耗的劳动量，即降低实际的价值量。相比较而言，供给者更关心产品的价值。

不同的建筑产品供给者在专业特长、管理和技术水平、生产组织的具体方式、对建筑产品所在地各方面情况了解和熟悉的程度以及竞争策略等方面有较大的差异，因而各自的生产价格会有较大差异，从而使价格竞争具有现实的可能性，而且表现得尤为激烈。

另外，建筑产品的需求者还非常关心拟建建筑产品投入使用的时间，建筑产品供给者之间的竞争也表现为交换时间即生产周期的竞争。需求者希望在价格一定的条件下交货时间尽可能早，供给者则希望在价格一定的条件下按生产成本最低原则确定生产周期。由于建筑产品的生产周期和速度在很大程度上受到技术规律和自然规律的制约，不同供给者之间的差异较小，竞争程度相对来说不甚激烈。而且，建筑产品需求者往往预先规定了交货时间，而且这一期限往往对大多数供给者来说都显得十分紧迫，几乎不可能再提前。因此，建筑产品供给者之间的竞争主要表现为价格上的竞争。

（六）建筑供给方式多、供给关系复杂

在建筑市场中，作为建筑产品的供给者（生产者），设计单位和施工单位向需求者提供不同生产阶段的服务，提供不同形态的产品。就设计单位而言，除了向需求者提供设计产品这种非实物产品之外，还可能提供咨询服务，监督施工生产过程，甚至还可能与施工单位一起共同向需求者提供最终产品。就施工单位而言，可以向需求者提供完整的最终产品，也可以提供阶段产品或部分产品；可以一个施工单位单独提供产品，也可以多个施工单位联合起来提供产品，还可能与设计单位一起共同向需求者提供最终产品。

建筑市场的这一特点，使得建筑市场中供求双方之间的关系远较一般市场复杂。尽管供给方式有多种可能，但究竟采用哪种供给方式，主动权却并不在供给者，大多数情况下是由需求者决定的。对于建筑市场的需求者来说，选择适当的供给方式是相当重要的，不仅直接关系到产品的生产过程、最终产品的质量等问题，而且关系到需求者自身的行为及其与供给者的关系。

第四节　土地市场和经济租金

一、土地供求和地租的决定

在西方现代市场经济国家，土地作为地租是产业资本家转让给地主的那部分剩余价值。土地市场是市场体系中的另一个重要组成部分。

在我国现阶段，城市土地属于国家所有，农村土地属于集体所有。按照1986年颁布的《中华人民共和国土地管理法》规定，个人、企业和社会团体使用土地，要向土地所有者一次性交纳土地使用权出让金。这一制度已经暴露出一些问题。2004年对《中华人民共和国土地管理法》进行修正。第十四条规定：农民集体所有的土地由本集体经济组织的成员承包经营，从事种植业、林业、畜牧业、渔业生产。土地承包经营期限为三十年。发包方和承包方应当订立承包合同，约定双方的权利和义务。承包经营土地的农民有保护和按照承包合同约定的用途合理利用土地的义务。农民的土地承包经营权受法律保护。

（一）土地的需求

同其他生产要素一样，对土地的需求量取决于土地的边际收益率。所谓土地的边

际收益同样受边际收益递减律制约，随产量的增加而减少。因此土地的需求曲线像一般的需求曲线一样，向右下方倾斜，并且是由土地的边际收益产值曲线给出的。均衡地租也是由供给曲线和需求曲线的交点决定的。

（二）土地的供给

土地供求关系的特点在于无论地租如何变动，土地的总供给大体上不变。这意味着土地的总供给曲线接近于一条垂直线。当然，实际情况并不完全如此。有时候，可以通过移山、填海、排除积水而增加土地供给数量。不过，这种扩大毕竟有限。不管土地价格怎么变，土地数量不变，或变化很小，即土地供给弹性小。总供给曲线虽然用一条几乎垂直的线表示，但这并不意味着各种不同用途的土地供给曲线都是一条接近垂直的线。如果房租上升了很多，则会有土地从其他用途变成房屋地，因而住房市场上的土地供给会增加。因此，建造住房用的土地供给曲线非常有弹性。

（三）级差地租

现实生活中，土地的位置不同、质量不同，地租也不同。在马克思经济学中，将与土地不同状况相联系的地租称为级差地租。级差地租是一个相对于绝对地租的概念，它是指租佃较好土地的农业资本家向大土地所有者缴纳的超额利润。这个超额利润是由优等地和中等地农产品的个别生产价格低于按劣等地个别生产价格决定的社会生产价格的差额决定的。绝对地租是优、中、劣各类土地必须交纳的地租。级差地租有两种形式。由于土地肥沃程度不同、位置优劣不同所产生的超额利润而转化成的地租，称为级差地租第一形态，记为级差地租Ⅰ。由于对同一土地做追加投资所产生的超额利润而转化成的地租，称为级差地租第二形态，记为级差地租Ⅱ。

土地所有者由于垄断土地所有权所勒索的地租，称为绝对地租。投资土地的收益必须高于生产成本和平均利润之和，只有这样，经营劣等土地的投资者除了补偿成本，获得平均利润后，才会有余额作为绝对地租交给土地所有者；否则，劣等土地就不会有人经营。

二、经济租金和寻租

（一）经济租金

生产要素或资源投入不同的生产，会有不同的收益。经济学家把一种收益高于另一种收益的差额称为经济租金。租金可以看成这样一种要素收入，其数量的减少不会引起要素供给量的减少。有许多要素的收入尽管从整体上看不同于租金，但其收入的一部分却可能类似于租金，亦即如果从该要素的全部收入中减去这一部分并不会影响要素的供给。

在国民经济中，存在一些与土地一样缺乏供给弹性、不能任意生产的生产要素。如某些天生的技能，即使需求价格再高，也不能在短期内生产出来。这些要素在短期内也能获得与地租一样的收益。当使用一种供给不受价格变动影响的某种生产要素时，该种要素所有者所获得的收益若超过该要素用于其他各种用途后应得的最低收益，则超过的部分就叫经济租金，又称为经济剩余。

一般来说，可以把生产要素的收益分成两部分：

（1）为补偿生产要素的消耗而必须支付的最低限度部分，比如补偿专家从年轻时代就开始钻研预应力混凝土理论和技术而付出的体力和劳累。收益的这部分增加，生产要素的供给也会随之增加。

（2）对生产要素特殊效用的奖励，如对预应力混凝土专家的绝技的奖励，这部分收益的变动，不会影响要素供给数量的变动。这部分就是经济租金。只有第一部分是为取得一定数量的某一要素而必须支付的。

当某个要素的供给曲线是一条垂直线时，要素所必须支付的最低限度的收益为零，这时，所有的要素价值都是经济租金。对于一国的土地，地租的变动不会影响土地总供给的数量，不管地租如何变动都不会使生产者增加或减少土地的供给，于是所有的地租都是经济租金。

分析经济租金的原因有以下两个：

（1）经济租金涉及政府的税收政策。只有对经济租金征税，才不会影响要素的供给。如果一个小房产主把多余的两间房子出租，每月只收 10 块钱房租，这部分租金是供给两间房子必需的报酬，如果再交 50% 的税，就不能弥补维修费，他就会不再出租多余的房子——出租房屋的供给就会减少。所以政府对要素的税收不应该超出它的经济租金。

（2）研究寻租行为。

（二）寻租

寻租有多种定义，美国经济学家布坎南等人认为"寻求租金一词是要描述这样一种制度背景化的行为：在那里，个人竭尽使价值最大化造成了社会浪费，而没有形成社会剩余"。他们把寻租描述为人们凭借政府保护进行的寻求财富转移而造成的浪费资源的活动，即一个人在寻租，说明了这个人在某事上进行了投资，被投资的这种事情实际上没有提高，甚至降低了生产率，但确实给投资者带来了一种特殊的地位或垄断权利而提高了投资者的收入，租金也就是由此所得的收入。

（1）寻租行为。寻租者在寻租行动中，寻求的往往是某种特权，从而获得对某种资源的垄断。寻租所获得的收益并非生产的结果。寻租行动的结果是浪费社会资源。

为了获得政府的特殊保护，寻租者需要花费时间与精力进行游说，或使用金钱疏通关系。这种对寻租者极有效率的活动，对于全社会来说没有任何效率。政府机构人员为了对付寻租者的游说与贿赂，也需要花费时间与精力。政府为了保证工作人员廉洁，还需要花费时间与精力进行各种代价很大的防范活动。如果寻租者得逞，有关的生产者和消费者将由于政府的干预而付出代价，这种代价总和要远远高于寻租者谋取到的好处。

（2）常见的三类寻租行为。寻租行为是由于设置人为障碍而产生的，而障碍往往是由于政府对市场的过度干预。事实上，只要政府把自己的干预限制在保护个人权利、人身与财产安全以及确保自愿签订的合同的实施，市场机制就能消除市场中出现的任何寻租行为。寻租活动与政府在经济系统中的活动范围与区域大小，以及国营部门在整个系统中的相对规模成正比例关系。如果听凭某些政府部门根据自己的意愿干预经济活动、任意限制供给以制造短缺，从而将产品和服务的价格提高到市场机制决定的市场均衡价格以上，那么寻租活动就会变得十分活跃，有机会从事寻租活动者的租金就会增加。

常见的寻租行为有以下三类：

政府的特许权。政府的特许权指政府对某类商品发放的特别生产许可权或特别销售许可权。政府的规定、关税与进出口配额。例如，对建筑企业进行"资质管理"。于是，个别建筑企业为了获得较高的"资质"就积极开展活动。

政府采购。政府每年都要采购大量商品或工程，如军需品的生产和高速公路的建设。政府采购并不是每个企业都能得到的，所承包工程与产品的质量同时由政府工作人员负责验收，当双方形成某种默契时，企业就有机会通过虚报成本或降低工程与产品质量等来达到寻求租金的目的。

（3）寻租层次。寻租有三个层次：一是对政府活动所产生的额外收益的寻租；二是对政府肥缺的寻租；三是对政府活动所获得的公共收入的寻租。对此，布坎南举了一个例子：对出租汽车数量进行限制，即只发放一定数量的执照。这时寻租的活动在三个层次上进行：

一是直接获取执照的寻租。这时，没有执照数量限制与有出租车执照数量限制之间的收益差额就是寻租的空间。这一层次的寻租可以通过竞争性拍卖的方式来出售执照。如果拍卖过程是充分竞争的，那么执照的价格就是寻租的空间，由于该寻租空间已经表现为价格，已经不值得寻租，因此寻租活动在这一层次会消失。当然，拍卖制度是需要高额费用的，这一费用实际上就是非生产性的支出。也就是为了遏制寻租活动而额外支出的费用。并且，只要制度是需要成本的，其寻租的可能性总是存在的。腐败也自然随时会产生。

二是对政府肥缺的寻租。第一层次寻租空间的消失，并不意味着寻租活动真的消失了。实际上寻常活动会转向第二个层次。这就是对政府肥缺的寻租。一旦出租车执照是有价值的，出租车管理部门就成了肥缺，潜在的企业家就会在退出出租车执照寻租的同时转入政府肥缺或者能获得拍卖的收益的职位的寻租。当这些职位能够获得拍卖出租车牌照的收入时尤其如此。当然，如果把拍卖出租车牌照的收入变成政府的财政收入，严格实施收支两条线，或者政府职位竞争上岗，通过竞争的方式付给报酬，这一领域的寻租活动也会减少，甚至消失。但严格实施收支两条线也并非没有成本，政府职位竞争上岗的制度设计更为复杂，因此寻租空间总是可能存在的，腐败空间也是难以消除的。

三是对政府收入的寻租。一旦政府通过拍卖出租车牌照获得了收入，并变成公共财政的一个来源。公共财政的基本原则是"取之于民，用之于民"，但是公共财政的收入和支出过程中，其民的含义是不一样的，一旦进入公共财政的范围，其收入用于什么民，用多少，大有文章可做。为了获取公共财政支出而进行的寻租活动是第三个层次的寻租活动。人们常说的"跑部钱进"，实际上就是布坎南所说的第三个层次的寻租活动。在这一领域，遏制寻租空间的方式有两种：一是减少公共支出的量，如果没有公共支出，自然就不会有寻租活动了；二是提高寻租活动的公开性和竞争性。显然，这一层次的制度设计要比第一个层次的制度设计困难得多。因此，公共财政支出领域的腐败机会也最多，由于制度设计的困难，人们对这一领域腐败的容忍度也相对较大。

三、土地市场的特点

我国的土地属于国家和集体，土地所有权不能转让。即使土地租赁和使用权转让市场，也是最近十几年的事。财产权包括所有权和使用权。产权的确定能激发经济主体的生产积极性，从而激励企业尽可能有效地生产。我国土地管理制度改革的一个重要步骤是将土地所有权和使用权分开。将所有权保持公有而将使用权下放给企业和个人。

我国的土地市场也有一些和其他国家的土地市场相同的地方。

（1）对土地的需求是派生需求，对土地需求的增加主要是因为人们对我国产品市场的前景看好。

（2）我国的土地供给，特别是大城市繁华地段的土地供给大体上是固定不变的，地租的上涨主要是由需求的急剧上升引起的，由此决定的地租大部分属于经济租金。

（3）我国城市不同地段的地租表现出明显的级差地租的属性。

（4）对经济租金，国家应制定相应的税收政策。当然，在我国现阶段，大部分土地的出租者是各级政府和各部门，租金直接成为政府的收入。对这部分数额巨大的收入，也需要制定明确的分配规则。

第三章　建筑工程造价基本知识

第一节　建设项目与工程造价

一、建设项目及其内容构成

（一）建设项目的含义

建设项目是指有设计任务，按照一个总体设计进行施工的各个工程项目的总体。建设项目在经济上实行独立核算，在行政上具有独立的组织形式。如一个工厂、一所学校、一条高速公路等。建设项目的工程造价一般由编制设计总概算、设计概算或修正概算来确定。

（二）建设项目的构成

建设项目根据建设项目规模大小、复杂程度的不同，为便于分解管理，可将建设项目分解为单项工程、单位工程、分部工程和分项工程等。

1.单项工程

具有独立的设计文件，可独立施工，竣工后可独立发挥特定功能或效益的一组工程项目，称为一个单项工程。一个建设项目可由一个单项工程也可由若干个单项工程组成。一般情况下，单项工程往往是在使用功能上具有相关性的一组建筑物或构筑物。如一所学校，包括办公楼、教学楼、实验楼、图书馆、食堂、锅炉房等就构成了一个单项工程，某个城区的立交桥、城市道路等分别是一个单项工程，其造价由编制单项工程综合概预算确定。

2.单位工程

具备独立的施工条件（单独设计，可独立施工），但不能独立形成生产能力与发挥效益的工程，称为单位工程。一般情况下，单位工程是一个单体的建筑物或构筑物，规模较大的单位工程可将其具有独立使用功能的部分作为一个或若干个子单位工程。单位工程是单项工程的组成部分，一个单项工程一般由若干个单位工程所组成。

例如，城市道路这个单项工程由道路工程、排水工程、路灯工程等单位工程组成。单位工程造价一般由编制施工图预算（或单位工程设计概算）确定。

3. 分部工程

组成单位工程的若干个分部称为分部工程。分部的划分可依据专业性质或建筑部位的特征而确定。例如，一幢建筑物单位工程，可划分为土建安装工程分部和设备安装工程分部，而土建工程分部又可划分为地基与基础分部、主体结构分部、建筑装饰装修分部。而主体结构又可分为钢筋混凝土结构、混合结构、钢结构等几个分部。道路工程这个单位工程是由路床整形、道路基层、道路面层、人行道侧缘石及其他等分部工程组成的。

4. 分项工程（定额子目）

组成分部工程的若干个施工过程称为分项工程。分项工程一般按工种、材料、施工工艺或设备类别进行划分。分项工程是建筑工程的基本构造要素，是工程预算分项中最基本的分项单元。例如，道路基层这个分部工程可以再划分为 10cm 厚人工铺装碎石底层、10cm 厚人机配合碎石基层、20cm 人工铺装块石底层等分项工程。钢筋混凝土结构分部工程可分为模板、钢筋、混凝土等几个分项工程。

二、建设项目决策阶段的工程造价管理

（一）建设项目决策的含义

决策是在充分考虑各种可能的前提下，基于对客观规律的认识，对未来实践的方向、目标原则和方法做出决定的过程。投资决策是在实施投资活动之前，对投资的各种可行性方案进行分析和对比，从而确定效益好、质量高、回收期短、成本低的最优方案的过程。建设项目投资决策是选择和决定投资行动方案的过程，是对拟建项目的必要性和可行性进行技术经济论证，对不同建设方案进行技术经济比选及做出判断和决定的过程。建设项目决策需要决定项目是否实施、在什么地方兴建和采用什么技术方案兴建等问题，是对项目投资规模、融资模式、建设区位、场地规划、建设方案、主要设备选择、市场预测等因素进行有针对性的调查研究，多方案择优，最后确立项目（简称立项）的过程[1]。建设项目投资决策是投资行为的准则。正确的项目决策是合理确定与控制工程造价的前提，直接关系到项目投资的经济效益。

（二）建设项目决策与工程造价的关系

（1）建设项目决策的正确性是工程造价合理性的前提。建设项目决策是否正确直接关系到项目建设的成败。建设项目决策正确，意味着对项目建设做出科学的决断，选出最佳投资行动方案，达到资源合理配置的目的。这样才能合理地估计和计算工程

1　张永桃.市政学 [M].北京：高等教育出版社，2006.

造价，在实施最优决策方案过程中，有效地进行工程造价管理。建设项目决策失误，如对不该建设的项目进行投资建设，或者项目建设地点的选择错误，或者投资方案的确定不合理等，会直接带来人力、物力及财力的浪费，甚至造成不可弥补的损失。在这种情况下，合理地进行工程造价控制已经毫无意义了。因此，要达到项目工程造价的合理性，首先要保证建设项目决策的正确性。

（2）建设项目决策的内容是决定工程造价的基础。工程造价的管理贯穿于项目建设全过程，但决策阶段建设项目规模的确定、建设地点的选择、工艺技术的评选、设备选用等技术经济决策直接关系到项目建设工程造价的高低，对项目的工程造价有重大影响。据有关资料统计，在项目建设各阶段中，投资决策阶段所需投入的费用只占项目总投资的很小比例，但影响工程造价的程度最高，达到70%~90%。因此，决策阶段是决定工程造价的基础阶段，直接影响着决策阶段之后的各个建设阶段工程造价确定与控制的科学性和合理性。

（3）造价高低、投资多少影响项目决策。在项目的投资决策过程中对建设项目的投资数额进行估计形成的投资估算是进行投资方案选择和项目决策的重要依据之一，同时造价的高低、投资的多少也是决定项目是否可行以及主管部门进行项目审批的参考依据。因此，采用科学的估算方法和可靠的数据资料，合理地计算投资估算，全面准确地估算建设项目的工程造价是建设项目决策阶段的重要任务。

（4）项目决策的深度影响投资估算的精确度和工程造价的控制效果。投资决策过程分为投资机会研究及项目建议书阶段、可行性研究阶段和详细可行性研究阶段，各阶段由浅入深、不断深化，投资估算的精确度越来越高。在项目建设决策阶段、初步设计阶段、技术设计阶段、施工图设计阶段、工程招投标及承发包阶段、施工阶段以及竣工验收阶段，通过工程造价的确定与控制，相应形成投资估算、设计概算、修正概算、施工图预算、承包合同价、结算价以及竣工决算。这些造价形式之间为"前者控制后者，后者补充前者"，即作为"前者"的决策阶段投资估算对其后各阶段的造价形式都起着制约作用，是限额目标。因此，要加强项目决策的深度，保证各阶段的造价被控制在合理范围内，使投资控制目标得以实现。

（三）建设项目决策阶段影响工程造价的主要因素

项目工程造价的多少主要取决于项目的建设标准。合理的建设标准能控制工程造价、指导建设投资。标准水平定得过高，会脱离我国的实际情况和财力、物力的承受能力，增加造价；标准水平定得过低，会妨碍技术进步，影响国民经济的发展和人民生活的改善。因此，建设标准水平，应从我国目前的经济发展水平出发，区别不同地区、不同规模、不同等级、不同功能，合理确定。建设标准包括建设规模、占地面积、工艺装备、建筑标准、配套工程、劳动定员等方面的标准和指标，主要归纳为以下四个方面：

1. 项目建设规模

项目建设规模即项目"生产多少"。每一个建设项目都存在着一个合理规模的选择问题：生产规模过小，资源得不到有效配置，单位产品成本较高，经济效益低下；生产规模过大，超过了项目产品市场的需求量，导致设备闲置，产品积压或降价销售，项目经济效益也会低下。因此，应选择合理的建设规模以达到规模经济的要求。在确定项目规模时，不仅要考虑项目内部各因素之间的数量匹配、能力协调，还要使所有生产力因素共同形成的经济实体（如项目）在规模上大小适应，这样可以合理确定和有效控制工程造价，提高项目的经济效益。项目规模合理化的制约因素有市场因素、管理因素和环境因素。

（1）市场因素。市场因素是项目规模确定中需要考虑的首要因素。其中，项目产品的市场需求状况是确定项目生产规模的前提，一般情况下，项目的生产规模应以市场预测的需求量为限，并根据项目产品市场的长期发展趋势做相应调整。除此之外，还要考虑原材料市场、资金市场、劳动力市场等，它们也对项目规模的选择起到不同程度的制约作用。如项目规模过大，可能导致材料供应紧张和价格上涨，项目所需投资资金的筹集困难和资金成本上升等。

（2）管理因素。先进的管理水平及技术装备是项目规模效益赖以存在的基础，而相应的管理技术水平则是实现规模效益的保证。若与经济规模生产相适宜的先进管理水平及其装备的来源没有保障，或获取技术的成本过高，或管理水平跟不上，则不仅预期的规模效益难以实现，还会给项目的生存和发展带来危机，导致项目投资效益低下，工程支出浪费严重。

（3）环境因素。项目的建设、生产和经营离不开一定的社会经济环境，项目规模确定中需要考虑的主要因素有政策因素、燃料动力供应、协作及土地条件、运输及通信条件等。其中，政策因素包括产业政策、投资政策、技术经济政策，以及国家地区及行业经济发展规划等。特别是为了取得较好的规模效益，国家对部分行业的新建项目规模做了下线规定，选择项目规模时应予以遵照执行。

2. 建设地区及建设地点（厂址）的选择

建设地区选择是在几个不同地区之间，对拟建项目适宜配置在哪个区域范围的选择。建设地点选择是在已选定建设地区的基础上，对项目具体坐落位置的选择。

（1）建设地区的选择。建设地区的选择对建设工程造价和建成后的生产成本和经营成本均有直接的影响。建设地区选择的合理与否，在很大程度上决定着拟建项目的命运，影响着工程造价的高低、建设工期的长短、建设质量的好坏，还影响到项目建成后的经营状况。因此，建设地区的选择要充分考虑各种因素的制约。具体来说，建设地区的选择首先要符合国民经济发展战略规划、国家工业布局总体规划和地区经济发展规划的要求；其次要根据项目的特点和需要，充分考虑原材料条件、能源条件、水源条件、各地区对项目产品需求及运输条件等；再次要综合考虑气象、地质、水文等建厂的自然条件；最后，要充分考虑劳动力来源、生活环境、协作、施工力量、风俗文化等社会环境因素的影响。

在综合考虑上述因素的基础上，建设地区的选择还要遵循两个基本原则：靠近原料、燃料提供地和产品消费地的原则；工业项目适当聚集的原则。

（2）建设地点（厂址）的选择。建设地点的选择是一项极为复杂的技术经济综合性很强的系统工程，它不仅涉及项目建设条件、产品生产要素、生态环境和未来产品销售等重要问题，受社会、政治、经济、国防等多种因素的制约，还直接影响到项目建设投资、建设速度和施工条件，以及未来企业的经营管理及所在地点的城乡建设规划和发展。因此，必须从国民经济和社会发展的全局出发，运用系统的观点和方法分析决策。

在对项目的建设地点进行选择的时候应满足以下要求：项目的建设应尽可能节约土地和少占耕地，尽量把厂址放在荒地和不可耕种的地点，避免大量占用耕地，节约土地的补偿费用；减少拆迁移民；应尽量选在工程地质、水文地质条件较好的地段，土壤耐压力应满足工厂的要求，严禁选在断层、熔岩、流沙层与有用矿床上，以及洪水淹没区、已采矿坑塌陷区、滑坡区，厂址的地下水位应尽可能低于地下建筑物的基准面；要有利于厂区合理布置和安全运行，厂区土地面积与外形能满足厂房与各种结构物的需要，并适合于按科学的工艺流程布置厂房与构筑物，厂区地形力求平坦而略有坡度（一般以 5%~10% 为宜），以减少平整土地的土方工程量，节约投资，又便于地面排水；尽量靠近交通运输条件和水电等供应条件好的地方，应靠近铁路、公路、水路，以缩短运输距离，便于供电、供热和其他协作条件的取得，减少建设投资；应尽量减少对环境的污染；对于排放大量有害气体和烟尘的项目，不能建在城市的上风口，以免对整个城市造成污染，对于噪声大的项目，厂址应选在距离居民集中地区较远的地方，同时要设置一定宽度的绿化带，以减弱噪声的干扰。在选择建设地点时，除考虑上述条件外，还应从以下两方面费用进行分析：项目投资费用，包括土地征收费、拆迁补偿费、土石方工程费、运输设施费、排水及污水处理设施费、动力设施费、生活设施费、临时设施费、建材运输费等；项目投产后生产经营费用，包括原材料、燃料运入及产品运出费用，给水、排水、污水处理费用，动力供应费用等。

3. 技术方案

技术方案指产品生产所采用的工艺流程方案和生产方法。工艺流程是从原料到产品的全部工序的生产过程，在可行性研究阶段就应确定工艺方案或工艺流程，随后各项设计都是围绕工艺流程展开的。技术方案不仅影响项目的建设成本，也影响项目建成后的运营成本。选定不同的工艺流程方案和生产方法，造价将会不同，项目建成后生产成本与经济效益也不同。因此，技术方案是否合理直接关系到企业建成后的经济利益，必须认真选择和确定。技术方案的选择应遵循先进适用、安全可靠和经济合理的基本原则。

4.设备方案

技术方案确定后，就要根据生产规模和工艺流程的要求，选择设备的种类、型号和数量。设备方案的选择应注意以下几个问题：设备应与确定的建设规模、产品方案和技术方案相适应，并满足项目投产后生产或使用的要求；主要设备之间、主要设备与辅助设备之间能力要相互匹配；设备质量可靠、性能成熟，保证生产和产品质量稳定；在保证设备性能前提下，力求经济合理；尽量选用维修方便、运用性和灵活性强的设备；选择的设备应符合政府部门或专门机构发布的技术标准要求。要尽量选用国产设备，只引进关键设备就能在国内配套使用的，就不必成套引进；要注意进口设备之间以及国内外设备之间的衔接配套问题；要注意进口设备与原有国产设备、厂房之间配套问题；要注意进口设备与原材料、备品备件及维修能力之间的配套问题。

三、建设项目设计阶段的工程造价管理

（一）工程设计的含义、阶段划分及程序

1.工程设计的含义

工程设计是指在工程开始施工之前，设计者根据已批准的设计任务书，为具体实现拟建项目的技术、经济要求，拟定建筑、安装及设备制造等所需的规划、图纸、数据等技术文件的工作。设计是建设项目由计划变为现实具有决定意义的工作阶段。设计文件是建筑安装施工的依据，拟建工程在建设过程中能否保证进度、保证质量和节约投资，很大程度上取决于设计质量的优劣。工程建成后，能否获得满意的经济效果，除了项目决策外，设计工作起着决定性作用。

2.工程设计的阶段划分

为保证工程建设和设计工作有机地配合和衔接，将工程设计分为几个阶段。根据国家有关文件的规定，一般工业项目可分为初步设计和施工图设计两个阶段进行，称为"两阶段设计"；技术复杂、设计难度大的项目，可按初步设计、技术设计和施工图设计三个阶段进行，称为"三阶段设计"。小型工程建设项目，技术上简单的，经项目主管部门同意可以简化"施工图设计"；大型复杂建设项目，除按规定分阶段进行设计外，还应该进行总体规划设计或总体设计。

民用建筑项目一般分为方案设计、初步设计和施工图设计三个阶段。对于技术上简单的民用建筑工程，经有关部门同意，并且合同中有可不做技术设计的约定，可在方案设计审批后直接进入施工图设计。

3. 工程设计的程序

设计工作的重要原则之一是保证设计的整体性，因此设计必须按以下程序分阶段进行：

（1）设计准备。首先要了解并掌握项目各种有关的外部条件和客观情况包括自然条件，城市规划对建设物的要求，基础设施状况，业主对工程的要求，对工程经济估算的依据，所能提供的资金、材料、施工技术和装备等以及可能影响工程的其他客观因素。

（2）初步方案。设计者对工程主要内容的安排有个大概的布局设想，然后要考虑工程与周围环境之间的关系。在这一阶段设计者同使用者和规划部门充分交换意见，最后使自己的设计符合规划的要求，取得规划部门的同意，与周围环境有机融为一体。对于不太复杂的工程，这一阶段可以省略，把有关的工作并入初步设计阶段。

（3）初步设计。这是设计过程中的一个关键性阶段，也是整个设计构思基本形成的阶段。此阶段应根据批准的可行性研究报告和可靠的设计基础资料进行编制，综合考虑建筑功能、技术条件、建筑形象及经济合理性等因素提出设计方案，并进行方案的比较和优选，确定较为理想的方案。初步设计阶段包括总平面设计、工艺设计和建筑设计三部分。在初步设计阶段应编制设计概算。

（4）技术设计。技术设计是初步设计的具体化，也是各种技术问题的定案阶段。技术设计的详细程度应能满足确定设计方案中重大技术问题和有关实验、设备选制等方面的要求，应能保证根据它可编制施工图和提出设备订货明细表。应根据批准的初步设计文件进行编制，并解决初步设计尚未完全解决的具体技术问题。如果对初步设计阶段所确定的方案有所更改，应对更改部分编制修正概算书。经批准后的技术图纸和说明书即为编制施工图、主要材料设备订货及工程拨款的依据文件。

（5）施工图设计。这一阶段主要是通过图纸把设计的意图和全部设计结果表达出来，解决施工中的技术措施、用料及具体做法，作为工人施工制作的依据。施工图设计的深度应能满足设备、材料的选择与确定，非标准设备的设计与加工制作，施工图预算的编制，建筑工程施工和安装的要求。此阶段编制施工图预算工程造价控制文件。

（6）设计交底和配合施工。施工图发出后，根据现场需要，设计单位应派人到施工现场，与建设、施工单位共同会审施工图，进行技术交底，介绍设计意图和技术要求，修改不符合实际和有错误的图纸，参加试运转和竣工验收，解决试运转过程中的各种技术问题，并检验设计的正确和完善程度。

为确保固定资产投资及计划的顺利完成，在各个设计阶段编制相应工程造价控制文件时，要注意技术设计阶段的修正设计概算应低于初步设计阶段的设计概算，施工图设计阶段的施工图预算应低于技术设计阶段的修正设计概算，各阶段逐步由粗到细确定工程造价，经过分段审批，层层控制工程造价，以保证建设工程造价不突破批准的投资限额。

（二）设计阶段影响工程造价的因素

不同类型的建筑，使用目的及功能要求不同，影响设计方案的因素也不相同。工业建筑设计是由总平面设计、工艺设计及建筑设计三部分组成的，它们之间相互关联和制约。因此影响工业建筑设计的因素从以上三部分考虑才能保证总设计方案经济合理。各部分设计方案侧重点不同，影响因素也略有差异。

民用建筑项目设计是根据建筑物的使用功能要求，确定建筑标准、结构形式、建筑物空间与平面布置以及建筑群体的配置等。

1. 总平面设计

总平面设计是指总图运输设计和总平面配置。总平面设计主要包括厂址方案、占地面积和土地利用情况；总图运输、主要建筑物和构筑物及公用设施的配置；水、电、气及其他外部协作条件等。

总平面设计是否合理对整个设计方案的经济合理性有重大影响。正确合理的总平面设计可以大大减少建筑工程量，节约建设用地，节省建设投资，降低工程造价和项目运行后的使用成本，加快建设进度；可以为企业创造良好的生产组织、经营条件和生产环境；还可以为城市建设和工业区创造完美的建筑艺术整体。

总平面设计中影响工程造价的因素有以下几方面：

（1）占地面积。占地面积的大小一方面影响征地费用的高低，另一方面影响管线布置成本及项目建成运营的运输成本。因此要注意节约用地，不占或少占农田，同时还要满足生产工艺过程的要求，适应建设地点的气候、地形、工程水文地质等自然条件。

（2）功能分区。无论是工业建筑还是民用建筑都由许多功能组成，这些功能之间相互联系和制约。合理的功能分区既可以使建筑物各项功能充分发挥，又可以使总平面布置紧凑、安全，避免大挖大填，减少土石方量和节约用地，还能使生产工艺流程顺畅，运输简便，能降低造价和项目建成后的运营费用。

（3）运输方式。不同运输方式运输效率及成本不同。有轨运输运量大，运输安全，但需要一次性投入大量资金；无轨运输无须一次性大规模投资，但是运量小，运输安全性较差。应合理组织场内外运输，选择方便经济的运输设施和合理的运输路线。从降低工程造价角度看，应尽可能选择无轨运输，但若考虑项目运营的需要，如果运输量较大，则有轨运输往往比无轨运输成本低。

2. 工艺设计

一般来说，先进的技术方案所需投资较大，劳动生产率较高，产品质量好。选择工艺技术方案时，应认真进行经济分析，根据我国国情和企业的经济与技术实力，以提高投资的经济效益和企业投产后的运营效益为前提，积极稳妥地采用先进的技术方案和成熟的新技术、新工艺，确定先进适度、经济合理、切实可行的工艺技术方案。

主要设备方案应与拟选的建设规模和生产工艺相适应，满足投产后生产的要求。设备质量、性能成熟，以保证生产的稳定和产品质量。设备选择应在保证质量性能的前提下，力求经济合理。主要设备之间、主要设备与辅助设备之间的能力相互配套。选用设备时，应符合国家和有关部门颁布的相关技术标准要求。

3. 建筑设计

建筑设计部分，要在考虑施工过程合理组织和施工条件的基础上，决定工程的立体平面设计和结构方案的工艺要求、建筑物和构筑物及公用辅助设施的设计标准，提出建筑工艺方案、暖气通风、给排水等问题简要说明。在建筑设计阶段影响工程造价的主要因素有以下几个方面：

（1）平面形状。一般来说，建筑物平面形状越简单，其单位面积造价越低。不规则建筑物将导致室外工程、排水工程、砌砖工程及屋面工程等复杂化，从而增加工程费用。一般情况下建筑物周长与面积的比值K（单位建筑面积所占外墙长度）越低，设计越经济。K值按圆形、正方形、矩形、T形、L形的次序依次增大。所以，建筑物平面形状的设计应在满足建筑物功能要求的前提下，降低建筑物周长与建筑面积之比，实现建筑物寿命周期成本最低的要求。除考虑到造价因素外，还应注意到美观、采光和使用要求方面的影响。

（2）流通空间。建筑物的经济平面布置的主要目标之一是在满足建筑物使用要求的前提下，将流通空间（门厅、过道、走廊、楼梯及电梯井等）减少到最小。但是造价不是检验设计是否合理的唯一标准，其他如美观和功能质量的要求也是非常重要的。

（3）层高。在建筑面积不变的情况下，层高增加会引起各项费用的增加。如墙体及有关粉刷、装饰费用提高；体积增加导致供暖费用增加等。

第二节　建筑工程计价方法与程序

工程计价是指在定额计价模式下或在工程量清单计价模式下，按照规定的费用计算程序，根据相应的定额，结合人工、材料、机械市场价格，经计算预测或确定工程造价的活动。建筑工程计价活动包括编制施工图预算、招标标底、投标报价和签订施工合同价以及确定工程竣工结算等内容。

计价模式不同，工程造价的费用计算程序也不同；建设项目所处的阶段不同，工程计价的具体内容、计价方法、计价的要求也不同。建设工程计价模式分为定额计价模式、工程量清单计价模式两种。定额计价模式采用工料单价法，工程量清单计价模式采用综合单价法。在定额计价模式下，建设工程造价的确定是依照国家或地区所发布的预算定额为核心，最后所确定的工程造价实际上是社会信息平均价。在工程量清单计价模式下，建设工程造价的确定是以企业定额为核心，最后所确定的工程造价是企业自主价格。这一模式在极大程度上体现了市场竞争机制。工程量清单计价均采用综合单价形式。在综合单价中包含了人工费、材料费、机械使用费、管理费、利润等。其不同于定额计价模式，先有定额直接费表，再有材料差价表，之后有独立费表，最后在计费程序表中才知道工程造价。对比之下，工程量清单计价显得简单明了，更加适合于工程招投标。

一、定额计价法的编制程序

定额计价方法是以某种定额（消耗量定额、预算定额）计算规则的规定计算工程量的方法，即通常所说的概预算方法，是依据某种定额对工程进行估算、概算、预算、结算的方法。定额计价是指建设工程造价由定额直接费、间接费、利润、税金所组成的计价方式。其中定额直接费是套取国家或地区预算定额求得，再以定额直接费为基础乘以费用定额的相应费率加上材料差价等，最终确定工程造价。

（一）编制依据

（1）经有关部门批准的建筑工程建设项目的审批文件和设计文件。

（2）施工图纸是编制预算的主要依据。

（3）经批准的初步设计概算书为工程投资的最高限价，不得任意突破。

（4）经有关部门批准颁发执行的建筑工程预算定额、单位估价表、机械台班费用定设备材料预算价格、间接费定额以及有关费用规定的文件。

（5）经批准的施工组织设计和施工方案及技术措施等。

（6）有关标准定型图集、建筑材料手册及预算手册。

（7）国务院有关部门颁发的专用定额和地区规定的其他各类建设费用取费标准。

（8）有关建筑工程的施工技术验收规范和操作规程等。

（9）招投标文件和工程承包合同或协议书。

（10）建筑工程预算编制办法及动态管理办法。

（二）定额计价法的编制程序

（1）直接工程费中的人工、材料、机械台班价格，除国有资金投资或国有资金投资为主的建设工程招标标底使用省统一发布的信息价外，其余工程均可由投标人根据拟建工程实际、市场状况及工程情况自主确定或执行发、承包双方约定单价。

（2）参照定额规定记取的措施费是指建筑工程消耗量定额中列有相应子目录规定有计算方法的措施项目费用，如混凝土、钢筋混凝土模板及支架、脚手架费等（本类中的措施费有些要结合施工组织设计或技术方案计算）。

（3）参照省发布费率记取的措施费是指按省建设厅主管部门根据市场情况和多数企业经营管理情况、技术水平测算发布了参考费率的措施项目费，包括环境保护费，文明施工、临时设施、夜间施工及冬雨期施工增加费，场地清理费等。

（4）按施工组织设计（方案）记取的措施费是指承包人（投标人）按经批准的（投标的）施工组织设计（技术方案）计算的措施项目费，例如大型机械进出场及安拆费，施工排水、降水费用等。

（5）参照定额规定记取的措施费和按施工组织设计（方案）计取的措施费中的人工、材料机械台班价格按第（1）条规定。

（6）措施费中的人机费（RJ2）是指按省价中人机单价计算的人机费与省发布费率及规定计取的人机费之和。参照省发布费率及规定计取的人机费：施工因素增加费为94%，其余按45%（总承包服务费不考虑）。

（7）企业投标报价时，计算程序中除规费和税金的费率，均可按费用组成及计算方法自主确定，但环境保护费、文明施工费、临时设施费的费率不得低于省颁布费率的92%；也可参照省发布的参考费率计价。

（三）定额计价的缺陷

在定额计价模式下，政府是制定工程造价的主体。它限定不同级别的施工企业在计取造价时必须执行同一种标准的"定额直接费"或"定额人工费"，业主只能处于从属地位，不能自主定价，只能按照政府的"取费标准"计算。其所产生的弊端如下：

（1）反映不出建设先后顺序、主从关系和资金使用的时间、空间的秩序，只是单纯从会计的角度规定我国工程造价的构成，体现不出工程造价管理的清晰思路，实施起来容易混淆。

（2）不能体现出建筑产品优质优价的原则。业主总是希望工程质量好、价格低，然而建造高质量的工程比建造普通合理的工程投入要大。目前，允许双方在自愿的原则下收取优良工程补偿费，但是如果一方不同意，所投入的费用就不能收回。

（3）不利于招标工作的展开。现行的工程造价计算复杂，耗时费工，不但要套用"定额直接费"，还要计算材料价差及套用定额收取管理费等。从理论上讲，一样的图纸套用一样的定额，按一样的信息价计算，所得的结果应该是一样的[2]。但是由于操作人员理解不同，水平有差异，往往得出的结果有很大差异，使得招标工作考察的并不是企业的综合能力，而是考核预算员的理解能力和运气，谁做的工程预算跟标底接近了，谁中标的可能性就大，明显的不公平、不合理。

---

2 张旭霞.市政学[M].北京：对外经济贸易大学出版社，2006.

二、工程量清单计价的编制程序

工程量清单是表现拟建工程的分部分项项目、措施项目、其他项目名称和相应数量的明细清单，由招标人按照《建设工程工程量清单计价规范》（以下简称《计价规范》）附录中统一的项目编码、项目名称、计量单位和工程量计算规则进行编码，包括分部分项工程量清单、措施项目清单、其他项目清单、规费项目清单、税金项目清单等。工程量清单计价是指投标人完成由招标人提供的工程量清单所需的全部费用，包括分部分项工程费、措施项目费、其他项目费和规费、税金。

（一）编制依据

1. 工程量清单

工程量清单是计算分项工程量清单费、措施项目费、其他项目费的依据。工程量清单应由具有编制招标文件能力的招标人或受其委托的具有相应资质的中介机构进行编制。

2. 建设工程工程量清单计价规范

工程量清单计价规范是编制综合单价、计算各项费用的依据。

3. 施工图

施工图是计算计价工程量，确定分部分项清单项目综合单价的依据。

4. 消耗量定额

消耗量定额是计算分部分项工程消耗量确定综合单价的依据。

5. 工料机单价

人工单价、材料单价、机械台班单价是编制综合单价的依据。

6. 税率及各项费率

税率是税金计算的基础、规费费率是计算各项规费的依据，有关费率是计算文明施工费等各项措施费的依据。

（二）清单计价的编制内容

1. 计算计价工程量

根据选用的消耗量定额和清单工程量、施工图计算计价工程量。

2. 套用消耗量定额、计算工料机消耗量

计价工程量完后再套用消耗量定额计算工料机消耗量。

3. 计算综合单价

根据分析出的工料机消耗量和确定的工料机单价以及管理费费率、利润率计算分部分项的综合单价。

4. 计算分部分项工程量清单费

根据分部分项清单和综合单价计算分部分项工程量清单费。

5. 计算措施项目费

根据措施项目清单和企业自身的情况自主计算措施项目费。

6. 计算其他项目费

根据其他项目清单和有关条件计算其他项目费。

7. 计算规费

根据政府主管部门规定的文件计算有关规费。

8. 计算税金

根据国家规定的税金记取办法计算税金。

9. 工程量清单报价

将上述计算出的分部分项工程量清单费、措施项目费、其他项目费、规费、税金汇总为工程量清单报价。

三、工程量清单计价法与定额计价法的区别和联系

（一）两者的区别

1. 适用范围不同

全部采用国有投资资金或以国有投资资金为主的建设工程项目，必须实行工程量清单计价。除此以外的工程，可以采用工程量清单计价模式，也可以采用定额计价模式。

2. 采用的计价方法不同

定额计价模式一般采用工料单价法计价。按定额计价时单位工程造价由直接工程费、间接费、利润、税金构成，计价时先计算直接费，再以直接费（或其中的人工费）为基数计算各项费用、利润、税金，汇总为单位工程造价。

工程量清单计价时采用综合单价法计价，造价由工程量清单费用（∑清单工程量 × 项目综合单价）、措施项目清单费用、其他项目清单费用、规费、税金五部分构成，做这种划分的考虑是将施工过程中的实体性消耗和措施性消耗分开：对于措施性消耗费用只列出项目名称，由投标人根据招标文件要求和施工现场情况、施工方案自行确定，以体现出以施工方案为基础的造价竞争；对于实体性消耗费用，则列出具体的工程数量，投标人要报出每个清单项目的综合单价。工程量清单计价，是实行投标人依据企业自己的管理能力、技术装备水平和市场行情，自主报价，定额其所报的工程造价实际上是社会平均价。

3. 分项工程单价构成不同

按定额计价时分项工程的单价是工料单价，即只包括人工、材料、机械费，工程

量清单计价分项工程单价一般为综合单价，除了人工、材料、机械费，还要包括管理费（现场管理费和企业管理费）、利润和必要的风险费。采用综合单价便于工程款支付、工程造价的调整和工程结算，也避免了因为"取费"产生的一些无谓纠纷。综合单价中的直接费、间接费用、利润由投标人根据本企业实际支出及利润预期、投标策略确定，是施工企业实际成本费用的反映，是工程的个别价格。综合单价的报出是一个个别计价、市场竞争的过程。

4. 项目划分不同

按定额计价的工程项目划分即预算定额中的项目划分，一般土建定额有几千个项目，其划分原则是按工程的不同部位、不同材料、不同工艺、不同施工机械、不同施工方法和材料规格型号，划分十分详细。定额计价的项目一般一个项目只包括一项工程内容。如"混凝土管道铺设"清单项目包括了管道垫层、基础、管座、接口、管道铺设、闭水试验等多项工程内容，而"混凝土管道铺设"定额项目只包括了管道铺设这一项工程内容。

工程量清单计价的工程项目划分较之定额项目的划分有较大的综合性，新规范中土建工程只有 177 个项目。它考虑工程部位、材料、工艺特征，但不考虑具体的施工方法或措施，如人工或机械、机械的不同型号等，同时对于同一项目不再按阶段或过程分为几项，而是综合到一起，如混凝土，可以将同一项目的搅拌（制作）、运输、安装、接头灌缝等综合为一项，门窗也可以将制作、运输、安装、刷油、五金等综合到一起，这样能够减少原来定额对施工企业工艺方法选择的限制，报价时有更多的自主性。工程量清单中的量应该是综合的工程量，而不是按定额计算的"预算工程量"。综合的量有利于企业自主选择施工方法并以之为基础竞价，也能使企业摆脱对定额的依赖，建立起企业内部报价及管理的定额和价格体系。

工程量清单计价项目基本以一个"综合实体"考虑，一般一个项目包括多项工程内容。

5. 计价依据不同

这是清单计价和按定额计价的最根本区别。按定额计价的唯一依据就是定额，而工程量清单计价的主要依据是企业定额，包括企业生产要素消耗量标准、材料价格、施工机械配备及管理状况、各项管理费支出标准等。目前可能多数企业没有企业定额，但随着工程量清单计价形式的推广和报价实践的增加，企业将逐步建立起自身的定额和相应的项目单价。当企业能根据自身状况和市场供求关系报出综合单价时，企业自主报价、市场竞争（通过招投标）定价的计价格局也将形成，这也正是工程量清单所要促成的目标。工程量清单计价的本质是要改变政府定价模式，建立起市场形成造价机制，只有计价依据个别化，这一目标才能实现。

6. 工程量计算规则不同

工程量清单计价模式下，工程量计算规则必须按照国家标准《计价规范》执行，全国统一定额计价模式下，工程量计算规则由一个地区（省、自治区、直辖市）制定，在本区域内统一。

7. 计量单位不同

工程量清单计价，清单项目是按基本单位如 m、kg、t 等。工程预算定额计价，计量单位可以不采用基本单位。基础定额中的计量单位除基本计量单位外有时出现不规范的复合单位，如 100m³、100m²、10m、100kg 等。但是大部分计量单位与相应定额子项的计量单位一致。不一致的例如：土（石）方工程中"计价规范"项目名称为"挖土方"，计量单位为"m³"，"预算定额"项目名称为"人工挖土方"，计量单位为"100m³"。

8. 采用的消耗量标准不同

定额计价模式下，投标人计价时采用统一的消耗量定额，其消耗量标准反映的是社会平均水平，是静态的。

工程量清单计价模式下，投标人可以采用自己的企业定额，其消耗量标准体现的是投标人个体的水平，是动态的。

9. 反映的成本价不同

工程预算定额计价，反映的是社会平均成本。工程量清单计价，反映的是个别成本。

10. 结算的要求不同

工程预算定额计价，结算时按定额规定工料单价计价，往往调整内容较多，容易引起纠纷。工程量清单计价，是结算时按合同中事先约定综合单价的规定执行，综合单价基本上是包死的。

11. 风险分担不同

定额计价模式下，工程量由各投标人自行计算，故工程量计算风险和单价风险均由投标人承担。所有的风险在不可预见费中考虑；结算时，按合同约定，可以调整。可以说投标人没有风险，不利于控制工程造价。

工程量清单计价模式下，使招标人与投标人风险合理分担，由招标人承担工程量计算风险，招标人在计算相应工程量时要准确，对于这一部分风险应由招标人承担，从而有利于控制工程造价。投标人承担单价风险，对自己所报的成本、综合单价负责，还要考虑各种风险对价格的影响，综合单价一经合同确定，结算时不可以调整（除工程量有变化），且对工程量的变更或计算错误不负责任。

（二）两者的联系

定额计价模式在我国已使用了多年，也具有一定的科学性和实用性。为了与国际接轨，我国于 2003 年开始推行工程量清单计价模式。由于目前是工程量清单计价模式的实施初期，大部分施工企业还没有建立和拥有自己的企业定额体系，因而，建设行政主管部门发布的定额，尤其是当地的消耗量定额，仍然是企业投标报价的主要依据。也就是说，工程量清单计价活动中，存在部分定额计价的成分，工程量清单计价方式占据主导地位，定额计价方式是一种补充方式。

第三节　建筑工程造价构成

一、定额计价模式下工程费用的构成

（一）直接费

直接费由直接工程费和措施费组成。

1. 直接工程费

直接工程费是指施工过程中耗费的构成工程实体的各项费用，包括人工费、材料费、施工机械使用费。

（1）人工费。人工费是指直接从事建筑安装工程施工的生产工人开支的各项费用，包括以下几个方面：

①基本工资：发放给生产工人的基本工资。②工资性补贴：按规定标准发放的物价补贴，煤、燃气补贴，交通补贴，住房补贴，流动施工补贴等。③生产工人辅助工资：生产工人有效施工天数以外非作业天数的工资，包括职工学习、培训期间的工资，调动工作、探亲、休假期间的工资，因气候影响的停工工资，工人哺乳时期的工资，假期在6个月以内的工资，产、婚、丧假期的工资。④职工福利费：按规定标准计提的职工福利费。⑤生产工人劳动保护费：按规定标准发放的劳动保护用品的购置费及修理费，徒工服装补贴，防暑降温费，在有碍身体健康环境中施工的保健费用等。

（2）材料费。材料费是指施工过程中耗费的构成工程实体的原材料、辅助材料、构配件、零件、半成品的费用，包括以下几个方面：

①材料原价（供应价格）。②材料运杂费：材料自来源地运至工地仓库或指定堆放地点所需要的全部费用。③运输损耗费：材料在运输装卸过程中不可避免的损耗。④采购及保管费：为组织采购、供应和保管材料过程中所需要的各项费用，包括采购费、仓储费、工地保管费、仓储损耗。⑤检验试验费：对建筑材料、构件和建筑安装物进行一般的鉴定、检查所需要的费用，包括自设试验室进行试验所耗用的材料和化学药品等费用，不包括新结构、新材料的试验费和建设单位对具有出厂合格证明的材料进行检验，以及对构件做破坏性试验和其他特殊要求检验试验的费用。

（3）施工机械使用费。施工机械使用费是指施工机械作业所发生的机械使用费、机械安拆费和场外运费。机械台班单价由下列七项费用组成：

①折旧费：施工机械在规定的使用年限内，陆续收回其原值及购置资金的时间价值。②大修理费：施工机械按规定的大修理间隔台班进行必要的大修理，以恢复其正常功能所需的费用。③经常修理费：施工机械除大修理外的各级保养和临时故障排除所需的费用，包括为保障机械正常运转所需替换设备与随机配备工具附具的摊销和维护费用，机械运转中日常保养所需润滑与擦拭的材料费用及机械停滞期间的维护和保养费用。④安拆费及场外运费：安拆费是指施工机械在现场进行安装与拆卸所需的人工、材料、机械和试运转费用以及机械辅助设施的折旧、搭设、拆除等费用。场外运费是指施工机械整体或分体自停放地点运至施工现场或由一施工地点运至另一施工地点的运输、装卸、辅助材料及架线等费用。⑤人工费：机上司机（司炉）和其他操作人员的工作日人工费及上述人员在施工机械规定的年工作台班以外的人工费。⑥燃料动力费：施工机械在运转作业中所消耗的固体燃料（煤、木柴）、液体燃料（汽油、柴油）及水、电等费用。⑦养路费及车船使用税：施工机械按照国家规定和有关部门规定应缴纳的养路费、车船使用税、保险费、年检费等。

2. 措施费

措施费是指为完成工程项目施工，发生于该工程施工前和施工过程中非工程实体项目的费用，包括以下几个方面：

（1）环境保护费：施工现场为达到环保部门要求所需要的各项费用。

（2）文明施工费：施工现场文明施工所需要的各项费用。

（3）安全施工费：施工现场安全施工所需要的各项费用。

（4）临时设施费：施工企业为进行建筑工程施工所必须搭设的生活和生产用的临时建筑物、构筑物和其他临时设施所需要的费用。

临时设施包括临时宿舍、文化福利及公用事业房屋与构筑物，仓库、办公室、加工厂以及规定范围内道路、水、电、管线等临时设施和小型临时设施。

临时设施费用包括临时设施的搭设、维修、拆除费或摊销费。

（5）夜间施工费：因夜间施工所发生的夜班补助费、夜间施工降效、夜间施工照明设备摊销及照明用电等费用。

（6）二次搬运费：因施工场地狭小等特殊情况而发生的一次搬运费用。

（7）大型机械设备进出场及安拆费：机械整体或分体自停放地点运至施工现场或由一施工地点运至另一施工地点，所发生的机械进出场运输及转移费用及机械在施工现场进行安装、拆卸所需的人工费、材料费、机械费、试运转费和安装所需的辅助设施的费用。

（8）混凝土、钢筋混凝土模板及支架费：混凝土施工过程中需要的各种钢模板、木模板、支架等的支、拆、运输费用及模板、支架的摊销（或租赁）费用。

（9）脚手架费:施工需要的各种脚手的架搭、拆、运输费用及脚手架的摊销（或租赁）费用。

（10）已完工程及设备保护费:竣工验收前，对已完工程及设备进行保护所需费用。

（11）施工排水、降水费：为确保工程在正常条件下施工，采取各种排水、降水措施所发生的各种费用。

（二）间接费

间接费由规费、企业管理费组成。

1. 规费

规费是指政府和有关权力部门规定必须缴纳的费用，包括以下几个方面。

（1）工程排污费：施工现场按规定缴纳的工程排污费[3]。

（2）工程定额测定费：按规定支付工程造价（定额）管理部门的定额测定费。

（3）社会保障费：①养老保险费：企业按规定标准为职工缴纳的基本养老保险费。②失业保险费：企业按国家规定标准为职工缴纳的失业保险费。③医疗保险费：企业按规定标准为职工缴纳的基本医疗保险费。

（4）住房公积金：企业按规定标准为职工缴纳的住房公积金。

（5）危险作业意外伤害保险：按照建筑法规定，企业为从事危险作业的建筑安装施工人员支付的意外伤害保险费。

2. 企业管理费

企业管理费是指建筑安装企业组织施工生产和经营管理所需费用，包括以下几个方面。

（1）企业管理人员工资：管理人员的基本工资、工资性补贴、职工福利费、劳动保护费等。

（2）办公费:企业管理办公用的文具、纸张、账表、印刷、邮电、书报、会议、水电、烧水和集体取暖（包括现场临时设施取暖）用煤等费用。

（3）差旅交通费：职工因公出差、调动工作的差旅费，住勤补助费，市内交通费和午餐补助费，职工探亲路费，劳动力招募费，职工离退休，退职一次性路费，工伤人员就医路费，工地转移费以及管理部门使用的交通工具的油料、燃料、养路费及牌照费。

（4）固定资产使用费：管理和试验部门及附属生产单位使用的属于固定资产的房屋、设备仪器等的折时、大修、维修或租赁费。

（5）工具用具使用费：管理使用的不属于固定资产的生产工具、器具、家具、交通工具和检验、试验、测绘、消防用具等的购置、维修和摊销费。

3　牛冬杰，秦风，赵由才 . 市容环境卫生管理 [M]. 北京：化学工业出版社 2006.

（6）劳动保险费：企业支付离退休职工的易地安家补助费、职工退休金、6个月以上的病假人员工资、职工残废丧葬补助费、抚恤费、按规定支付给离休干部的各项经费。

（7）工会经费：企业按职工工资总额计提的工会经费。

（8）职工教育经费：企业为职工学习先进技术和提高文化水平，按职工工资总额计提的费用。

（9）财产保险费：施工管理用财产、车辆保险。

（10）财务费：企业为筹集资金而发生的各种费用。

（11）税金：企业按规定缴纳的房产税、车船使用税、土地使用税、印花税等。

（12）其他：技术转让费、技术开发费、业务招待费、绿化费、广告费、公证费、法律顾问费、审计费、咨询费等。

（三）利润

利润是指施工企业完成的承包工程获得的盈利。

（四）税金

税金是指国家税法规定的应计入建筑安装工程造价内的营业税、城市维护建设税及教育费附加税等。

二、清单计价模式下工程费用的构成

（一）分部分项工程费

综合单价是指完成工程量清单中一个规定计量单位项目所需的人工费、材料费、机械使用费、管理费和利润，并考虑风险因素。

（1）人工费＝综合工日定额 × 人工工日单价。

（2）材料费＝材料消耗定额 × 材料单价。

（3）机械使用费＝机械台班定额 × 机械台班单价。

（4）管理费＝（人工费＋材料费＋机械使用费）× 相应管理费费率。

（5）利润＝（人工费＋材料费＋机械使用费）× 相应利润率。

综合工日定额、材料消耗定额及机械台班定额，对于建筑工程从《全国统一建筑工程预算定额》（GYD—301~309—1999、2001）中查取。

人工工日单价由当地当时物价管理部门、建设工程管理部门等制定。现时人工工日单价为 20 ~ 40 元。

材料单价可从《地区建筑材料预算价格表》中查取，或按照当地当时的材料零售价格。机械台班单价可从《全国统一施工机械台班费用编制规则》（2001）中查取。

（二）措施项目费

1.通用措施项目

（1）环境保护计价。环境保护计价是指工程项目在施工过程中，为保护周围环境，而采取防噪声、防污染等措施而发生的费用。环境保护计价一般是先估算，待竣工结算时，再按实际支出费用结算。

（2）文明施工计价。文明施工计价是指工程项目在施工过程中，为达到上级管理部门所颁布的文明施工条例的要求而发生的费用。文明施工计价一般是估算的，占分部分项工程的人工费、材料费、机械使用费总和的 0.8% 左右。

（3）安全施工计价。安全施工计价是指工程项目在施工过程中，为保障施工人员的人身安全而采取的劳保措施所发生的费用。安全施工计价一般是根据以往施工经验、施工人员数、施工工期等因素估算的，占分部分项工程的人工费、材料费、机械使用费总和的 0.1% ~ 0.8%。

（4）临时设施计价。临时设施计价是指施工企业为满足工程项目施工所必需而用于建造生活和生产用临时建筑物、构筑物等发生的费用，包括临时设施的搭设、维修、拆除费或摊销费。

临时设施计价一般取分部分项工程的人工费、材料费、机械使用费总和的 3.28%。若使用业主的房屋作为临时设施，则该临时设施计价应酌情降低。

（5）夜间施工计价。夜间施工计价是指工程项目在夜间进行施工而增加的人工费。夜间施工的人工费不应超过白天施工的人工费的两倍，并计取管理费和利润。夜间施工计价若需要，可预先估算，待竣工时，凭签证按实结算。

夜间施工是指当日晚上十时至次日早晨六时这一期间内施工。

（6）二次搬运计价。二次搬运计价是指材料、半成品等一次搬运没有到位，需要二次搬运到位而产生的运输费用，包括人工费及机械使用费。

二次搬运计价若需要，可预先估算，待竣工时，凭签证按实结算。

（7）大型机械设备进出场及安拆计价。大型机械设备进出场（场外运输）计价包括人工费、材料费、机械费、架线费、回程费，这五项费用之和称为台次单价。

（8）混凝土、钢筋混凝土模板及支架计价。

（9）脚手架计价。建筑工程用的脚手架有竹脚手架、钢管脚手架、浇混凝土用全面脚手架等。

（10）已完工程及设备保护计价。已完工程及设备保护计价是指对已完工程及设备加以成品保护所耗用的人工费及材料费。

（11）施工排水、降水计价。建筑工程施工降水可采用井点降水。

2. 专用措施项目

（1）围堰计价。建筑工程篱工中所采用的围堰有土草围堰、土石混合围堰、圆木桩围堰、钢桩围堰、钢板桩围堰、双层竹笼围堰等。

（2）筑岛计价。筑岛是指在围堰围成的区域内填土、砂及砂砾石。

（3）现场施工围栏计价。现场施工围栏可采用纤维布施工围栏、玻璃钢施工围栏等。

（4）便道计价。便道计价是指工程项目在施工过程中，为运输需要而修建的临时道路所发生的费用，包括人工费、材料费和机械使用费等。

便道计价应根据便道施工面积、使用材料等因素，按实际情况估算。

（5）便桥计价。便桥计价是指工程项目在施工过程中，为交通需要而修建的临时桥梁所发生的费用，包括人工费、材料费、机械使用费等。

（6）洞内施工的通风、供水、供气、供电、照明及通信设施计价。洞内施工的通风、供水、供气、供电、照明及通信设施计价是指隧道洞内施工所用的通风、供水、供气、供电、照明及通信设施的安装拆除年摊销费用。一年内不足一年按一年计算，超过一年按每增一季定额增加，不足一季按一季计算（不分月）。

（三）其他项目费

1. 暂列金额

暂列金额是"招标人在工程量清单中暂定并包括在合同价款中的一笔款项"。暂列金额的定义是非常明确的，只有按照合同缩写程序实际发生后，才能成为中标人的应得金额，纳入合同结算价款中。扣除实际发生金额后的暂列金额余额仍属于招标人所有。设立暂列金额并不能保证合同结算价格不会再出现超过合同价格的情况，是否超出合同价格完全取决于工程量清单编制人对暂列金额预测的准确性，以及工程建设过程是否出现了其他事先未预测到的事件。

2. 暂估价

暂估价是指招标阶段直至签订合同协议时，招标人在招标文件中提供的用于支付必然要发生但暂时不能确定价格的材料以及需另行发包的专业工程金额。一般而言，为方便合同管理和计价，需要纳入分部分项工程量清单项目综合单价中的暂估价则最好只是材料费，以方便投标人组价。以"项"为计量单位给出的专业工程暂估价一般应是综合暂估价，应当包括除规费、税金以外的管理费、利润等。

3. 计日工

计日工是为了解决现场发生的零星工作的计价而设立的。国际上常见的标准合同条款中，大多数都设立了计日工（Day work）计价机制。计日工以完成零星工作所消耗的人工工时、材料数量、机械台班进行计量，并按照计日工表中填报的适用项目的单价进行计价支付。计日工适用的所谓零星工作一般是指合同约定之外的或者因变更而产生的、工程量清单中没有相应项目的额外工作，尤其是那些时间不允许事先商定价格的额外工作。计日工为额外工作和变更的计价提供了一个方便快捷的途径。

4.总承包服务费

总承包服务费是为了解决招标人在法律法规允许的条件下进行专业工程发包以及自行采购供应材料、设备时，要求总承包人对发包的专业工程提供协调和配合服务（如分包人使用总包人的脚手架、水电接剥等）；对供应的材料、设备提供收、发和保管服务以及对施工现场进行统一管理；对竣工资料进行统一汇总整理等发生并向总承包人支付的费用。招标人应当预计该项费用并按投标人的投标报价向投标人支付该项费用。

（四）规费

（1）工程排污费：施工现场按规定缴纳的排污费用。

（2）工程定额测定费：按规定支付工程造价（定额）管理部门的定额测定费。

（3）社会保障费：养老保险费、失业保险费、医疗保险费。

（4）住房公积金。

（5）危险作业意外伤害保险。

（五）税金

税金是指国家税法规定的应计入建筑安装工程造价内的营业税、城市维护建设税及教育费附加税。

第四节　建筑工程费用

基本建设费用是指为完成工程项目建设并达到使用要求或生产条件，在建设期内预计或实际投入的全部费用之和。基本建设的工程项目主要分为生产性的建设项目和非生产性的建设项目两类。生产性建设项目的基本建设费用包括建设投资、建设期利息和流动资金三部分；非生产性建设项目的基本建设费用仅包括建设投资和建设期利息两部分。

一、建设投资

建设投资由工程费用、工程建设其他费用和预备费三部分组成。

（一）工程费用

工程费用由建筑安装工程费用和设备及工器具购置费两部分组成。

1. 建筑安装工程费用

建筑安装工程费是指为完成工程项目建造、生产性设备及配套工程安装所需的费用，具体分为建筑工程费用和安装工程费用两部分。

①建筑工程费用包括：房屋建筑物和市政构筑物的供水、供暖、卫生、通风、煤气等设备费用，房屋建筑物和市政构筑物的装设、油饰工程费用，以及其内的管道、电力、电信、电缆导线敷设工程的费用。②安装工程费用包括：生产、动力、起重、运输、传动和医疗、实验等各种需要安装的机械设备的装配费用，与设备相连的工作台、梯子、栏杆等设施的工程费用，附属于被安装设备的管线敷设工程费用，以及被安装设备的绝缘、防腐、保温、油漆等工作的材料费和安装费。

2. 设备及工器具购置费

设备及工器具购置费用，包括需要安装和不需要安装的设备及工器具购置费用。①设备购置费：为建设项目购置或自制的达到固定资产标准的各种国产或进口设备、工具、器具的购置费用，它由设备原价和设备运杂费构成[4]。②工器具及生产家具购置费：为保证正式投入使用初期正常生产必须购置的没有达到固定资产标准的设备、仪器、工卡模具、器具、生产家具和备品备件等的购置费用。

（二）工程建设其他费用

工程建设其他费用，是指从工程筹建起到工程竣工验收交付使用止的整个建设期间，除建筑安装工程费用和设备及工器具购置费用以外的，为保证工程建设顺利完成和交付使用后能够正常发挥效用而发生的各项费用。工程建设其他费用具体包括建设用地费、与项目建设有关的其他费用（建设管理费、可行性研究费、研究试验费、勘察设计费、环境影响评价费、场地准备及临时设施费、引进技术和引进设备其他费、工程保险费、特殊设备安全监督检验费、市政公用设施费），与未来生产经营有关的其他费用（联合试运转费、专利及专有技术使用费和生产准备及开办费）等。

1. 建设用地费

建设用地费是指为获得工程项目建设土地的使用权而在建设期内发生的费用。其具体内容包括：土地出让金或转让金、拆迁补偿费、青苗补偿费、安置补助费、新菜地开发建设基金、耕地占用税、土地管理费等与土地使用有关的各项费用。

2. 建设单位管理费

建设单位管理费是指建设单位从项目开工之日起至办理财务决算之日止发生的管理性质的开支。其具体内容包括工作人员工资、工资性补贴、施工现场津贴、职工福利费、住房基金、基本养老保险费、基本医疗保险费、办公费、差旅交通费、劳动保险费、工具用具使用费、固定资产使用费、零星购置费、招募生产工人费、技术图书

4　都伟. 公共设施 [M]，北京：机械工业出版社，2006.

资料费、印花税、业务招待费、施工现场津贴、竣工验收费和其他管理性质开支。

3. 可行性研究费

可行性研究费是指在工程项目投资决策阶段，依据调研报告对有关建设方案、技术方案或生产经营方案进行的技术经济论证，以及编制、评审可行性研究报告所需的费用。

4. 研究试验费

研究试验费是指为建设项目提供或验证设计数据、资料等进行的必要的研究试验及按照相关规定在建设过程中必须进行的试验、验证所需的费用。

5. 勘察设计费

勘察设计费包括勘察费和设计费。勘察费是指勘察单位对施工现场进行地质勘查所需要的费用。设计费是指设计单位进行工程设计（包括方案设计及施工图设计）所需要的费用。

6. 环境影响评价费

环境影响评价费是指在工程项目投资决策过程中，依据有关规定，对工程项目进行环境污染或影响评价所需的费用。

7. 场地准备及临时设施费

场地准备及临时设施费包括场地准备费和临时设施费两部分。

①场地准备费是指为使工程项目的建设场地达到开工条件，由建设单位组织进行的场地平整等准备工作而发生的费用。②临时设施费是指建设单位为满足工程项目建设、生活、办公的需要，用于临时设施建设、维修、租赁、使用所发生或摊销的费用。

8. 引进技术和引进设备其他费

引进技术和引进设备其他费是指引进技术和设备发生的但未计入设备购置费中的费用。其具体内容包括：引进项目图纸资料翻译复制费、备品备件测绘费、出国人员费用、来华人员费用、银行担保及承诺费等。

9. 工程保险费

工程保险费是指为转移工程项目建设的意外风险，在建设期内对工程本身以及相关机械设备和人身安全进行投保而发生的费用。工程保险费包括建筑安装工程一切险、引进设备财产保险和人身意外伤害险等。

10. 特殊设备安全监督检验费

特殊设备安全监督检验费是指安全监察部门对在施工现场组装的锅炉及压力容器、压力管道、消防设备、燃气设备、电梯等特殊设备和设施实施安全检验收取的费用。

11. 市政公用设施费

市政公用设施费是指使用市政公用设施的工程项目，按照项目所在地省级人民政府有关规定建设或缴纳的市政公用设施建设配套费用，以及绿化工程补偿费用。

12. 联合试运转费

联合试运转费是指新建或新增加生产能力的工程项目，在交付生产前按照设计文件规定的工程质量标准和技术要求，对整个生产线或装置进行负荷联合试运转所发生的费用净支出。如联动试车时购买原材料、动力费用（电、气、油等）、人工费、管理费等。

13. 专利及专有技术使用费

专利及专有技术使用费是指专利权人以外的他人在使用专利和专有技术时向专利权人交纳的一定数额的使用费用。金额在实施许可合同中由双方协商确定，支付方式也由使用者同专利权人协商确定。其具体内容包括：

①国外设计及技术资料费，引进有效专利、专有技术使用费和技术保密费；②国内有效专利、专有技术使用费；③商标权、商誉和特许经营权费等。

14. 生产准备及开办费

生产准备及开办费是指在建设期内，建设单位为保证项目正常生产而发生的人员培训费、提前进厂费以及投产必备的办公、生活家具用具及工器具等购置费用。

（三）预备费

预备费包括基本预备费和价差预备费两部分。

1. 基本预备费

基本预备费是指针对项目实施过程中可能发生难以预料的支出而事先预留的费用，又称工程建设不可预见费。其主要内容包括：设计变更、材料代用、地基局部处理等增加的费用；自然灾害造成的损失和预防灾害所采取的措施费用；竣工验收时为鉴定工程质量对隐蔽工程进行必要的挖掘和修复费用等。

2. 价差预备费

价差预备费是指为在建设期内利率、汇率或价格等因素的变化而预留的可能增加的费用，也称价格变动不可预见费。

二、建设期利息

一个建设项目在建设期内需要投入大量的资金，自由资金的不足通常利用银行贷款来解决，但利用贷款必须支付利息。贷款内利息包括向国内银行和其他非银行金融机构贷款、出口信贷、外国政府贷款、国际商业银行贷款以及在境内外发行的债券等在贷款期内应偿还的贷款利息。

三、流动资金

流动资金是指生产性建设项目投产后，为进行正常生产运营，用于购买原材料、燃料、支付工人工资及其他经营费用等必不可少的周转资金。

第四章 建筑工程项目造价管理

第一节 建筑工程造价管理现状

城市人口的迅速增长，使城市地区对大型建筑的需求也随之变大，各地的大型建筑工程项目数不胜数。随着建筑工程变得更庞大，影响建筑工程造价的因素也变得越来越多，工程造价的管理难度变得越来越大，如何管理好建筑工程的造价，对于承包工程的一方极为重要，关系到承包方的收益。如今，越来越多的人意识到了工程造价管理工作的重要性，使这项工作成为建筑工程建设的必要工作。本研究将浅要探讨当下建筑工程造价管理的现状及展望。

一、建筑工程造价管理现状

（一）建筑工程造价管理考虑问题不周全

现在虽然有越来越多的建筑商意识到了工程造价管理的重要性，并且开始着手制定这方面工作的相关制度，但是由于之前他们对这方面的工作长期不重视，导致其中大部分人在这方面缺乏经验。现在大多数建筑商制定的建筑工程造价管理制度并不完善，总是会出现最终结算时建筑成本与预期不一致的情况，这是由于制定制度时没有将问题考虑周全。完整的工程造价管理制度的制定应该将所有有关工程成本的各方面因素都考虑进来。最为首要的是预算好购买工程施工材料的成本、需要支付给施工人员的工资成本、使用施工机械产生的成本以及其他很多小方面的成本，其中容易出问题的部分是对其他小方面的成本预算。大型工程中消耗资金最集中的地方虽然主要是材料成本、人工成本和机械成本，但是其他很多小方面的成本综合起来也会消耗很大一部分资金，这些资金一般都是零零散散的用掉的，每一个数额相对来说很小，所以不太能引起建筑商的注意，比如运输成本、工人生活成本等。很多时候建筑商在预算工程的造价时，不会精细地计算这些小方面的支出，而是凭感觉给出一个大概的估计值，导致误差一般都很大，在最终比较数据时就会发现有很大的出入。这个问题就是实施工程造价管理工作时考虑问题不够全面造成的。

（二）建筑工程造价管理没有随着市场的变化而灵活变化

由于现在很多的建筑工程越做越大，所以整个工程的施工周期也变得越来越长，从开工到竣工用的时间一般都会达到一两年甚至更久。在当今社会市场经济的背景下，很多时候同一种商品的价格会随着时间的变化而发生较大的变化，并不会一直保持不变。另外，人力成本也会随着市场的变化而变化。这些变化对于工程的造价具有非常大的影响，如果不把市场变化因素考虑进来，而是只以当时的市场情况制订工程造价管理方案，势必会出现问题。然而，很多建筑公司中掌管制订工程造价管理方案的相关部门并没有很好的市场经济思想，在对建筑工程造价进行预算时，只以当时的市场情况为准，就片面地进行预算，不把市场变化的因素考虑进去，导致得出的数据存在十分大的偏差。对建筑工程造价的管理是为了对整个工程的成本能有一个较为清晰的了解，如果工程造价的预算误差太大，就达不到本来应该有的效果，使建筑商不明不白受损失。而保证数据的尽量准确，离不开对市场变化的考虑，建筑工程造价管理没有随市场的变化而灵活变化，是很多建筑商在进行造价管理时出现的问题。

（三）建筑工程造价管理中监管工作不到位

建筑工程的造价对于建筑商从一个建筑工程中获得的利润的高低有很大影响。因为如果建筑工程的造价增大，意味着建筑商需要投入更多资金，就会减少最终的获利。而如果能够缩减建筑工程的造价，就意味着建筑商需要投入的成本变少，相对而言，就能获得更高的利润。因此，有的建筑商为了获得更高的利润，会在建筑工程造价方面下手，通过减少工程造价来获得更加可观的利润。如果在保证工程质量的前提下，通过精细化的管理缩减工程的造价，是合情合理的。但是有的建筑商利欲熏心，他们会通过材料上偷工减料、施工上压缩施工周期等不合理的方式来减少成本，不顾及偷工减料对建筑质量的影响，这就导致很多"垃圾工程"的出现。这种现象一方面是少数建筑商太贪婪导致的，但是另一方面更重要的原因是建筑工程造价管理过程中缺乏有关部门的监督。

二、改善建筑工程造价管理现状的几点对策

（一）培养全方位综合考虑的意识

要想做到全面考虑建筑工程造价中的所有因素，就要有细心与耐心兼具的素质，这两种素质需要慢慢培养。一方面，相关部门可以通过借鉴国内外相关工作的经验提升这方面的素质。另一方面，要学会总结自己工作中的不足，在每次建筑工程结束后，都需要总结出现的问题，并且找出问题的原因，这样在接下来的工作中就能有效避免类似问题的发生，使自己经验越来越丰富，工作也就做得越来越全面。培养全方位综

合考虑的意识，需要不断总结相关经验，并且不断学习，不能太过急功近利。通过这种做法，能有效防止在进行建筑工程造价管理时出现不全面考虑的问题。

（二）培养市场经济的意识

对于建筑工程造价管理方案与市场变化不相符，造成建筑工程造价管理没有达到目的的问题，最好的解决办法就是让相关部门接受培训，学习有关市场经济变化规律的知识，明白市场的变化对于建筑工程造价的影响是不可忽略的。这样有助于相关部门形成市场意识，这样它们就会在制定工程造价管理制度的过程中时刻考虑市场的变化，并且对方案进行灵活的调整。考虑市场因素的建筑工程造价管理方案能让工程造价的预算更加准确可信，与最终实际的工程造价偏差会更小，参考意义也更大。这样才能起到建筑工程造价管理工作应有的作用，不会导致工作白费。

（三）监督部门增强监管力度

监管部门的监管力度不够，是建筑工程造价管理工作的一大不足。现在频繁出现的建筑质量问题就是监管部门监管不到位导致的。要想改变这种现状，就必须督促监管部门的工作，让他们增强监管力度，坚决严格按照要求对建筑商进行监督，防止非法缩减建筑工程成本的情况出现，不能让建筑工程的造价管理完全由建筑商说了算。这样，就可以有效保证建筑工程造价管理的合理性，减少问题建筑的出现。

三、建筑工程造价管理的展望

随着电子信息技术的飞速发展，电子信息技术已经渗透人们日常生活和生产的各个方面。现在，几乎所有工作都能够通过应用电子信息技术而变得更加简单。建筑工程造价的管理工作是一种数据处理量非常大的工作，且较为繁杂。而借助电子信息技术强大的数据处理功能，能很大程度上使建筑工程造价工作变得更加简单。所以，未来建筑工程造价的管理工作，将会由于电子信息技术的应用而变得不再那么繁杂。并且，通过电子模拟的技术，可得出建筑工程的模型，这样可以让建筑工程造价的管理工作变得形象具体，更加精细，数据也更加准确。

建筑工程造价管理工作是整个建筑工程工作中十分重要的部分，其意义十分巨大，因为通过这项工作，就可以在成本上判断一个建筑工程是否具有可行性。所以，在决定一个建筑工程是不是要建设前，首要的工作是对建筑工程的造价进行预算，这项工作是为了对建筑的成本有一个较为准确的把握。本研究对建筑工程的相关讨论以及做的相关展望，对于改善建筑工程造价管理工作具有一定的参考作用。

第二节　工程预算与建筑工程造价管理

为了能够在现阶段竞争激烈的市场中永葆竞争力，提高经济效益，就必须采取一定经济措施，重视工程预算在建筑工程造价中的重要作用。就此，本节简要围绕工程预算在建筑工程造价管理中的重要作用及其相关控制措施方面展开论述，以供相关从业人员进行一定参考。

随着建筑行业不断发展，建筑工程造价预算控制作为工程建设项目的重要环节之一，对提升建筑工程整体质量发挥着重要的作用，因此，做好造价预算的编制工作，培养和提升相关预算人员的综合专业素质水平，确保有效控制建筑工程整体质量，最大限度降低建筑工程项目实际运作过程中的成本。

一、建筑工程造价管理过程中工程预算的重要作用分析

（一）确保工程建设资金项目要素的有效应用

现代建筑工程项目建设的预算，主要构成为财务预算要素、资产预算要素、业务预算要素及筹资预算要素。在现阶段我国建筑施工企业中，科学合理地配置相关要素，确保建筑企业现有资金的高效利用，确保企业内部所有资金项目要素应用到建筑工程项目中，最大限度减少资金要素的浪费，实现建筑工程综合性经济效益的获得。

（二）有效规范建筑工程项目的运作

做好工程预算管理控制工作，确保建筑施工企业开展高效组织活动，对工程建设项目的开发计划、招标投标、合同签订等工作的运作提供良好的技术保障。因此，工程预算管理工作的开展质量直接关系着建筑工程项目的建设实施过程，影响着企业综合效益。

为实现建筑工程预算的控制目标，建筑工程施工企业在实际工程项目运作过程中，必须优先做好工程项目整体预算管理方案的规划工作，确保工程项目运作全过程与工程预算管理方案数据的一致性，保证工程项目实现合理控制造价成本。因此说，做好工程预算控制工作，有助于建筑工程企业获得更好的综合效益，提升企业市场的综合竞争力。

（三）推进建筑企业的经营发展

建筑工程施工企业应严格遵照自身的实际情况，规划设定发展方向和目标，全面系统地认识和理解建筑工程项目设计、施工过程中遵循的指导标准，持续不断地学习

先进施工技术，在组织开展建筑工程项目造价管理过程中，实现基于工作指导理念的改良创新，确保建筑工程施工企业经营发展水平。

（四）确保工程造价的科学性与合理性

工程预算工作的开展对确保建筑工程造价的科学性和合理性具有重要作用，其存在主要是为建筑工程资金运作情况建立完善的档案，对投资人意向、银行贷款、后续合同订立具有积极的推动作用，从而有利于确保工程造价的科学性与合理性。

（五）进一步提高工程成本控制的有效性

对建筑工程造价进行控制管理，以工程预算为基础，围绕图纸和组织设计情况分析施工成本，从而有效控制施工中各项费用。对施工单位而言，施工中关键在于将成本控制与施工效益进行结合，确保二者间不会发生冲突，在确保施工质量的基础上控制成本，实现施工企业经济利益的最大化。

（六）提高资金利用率

基于预算执行角度，把控施工阶段和竣工阶段的资金和资源利用。以施工阶段为例，造价控制的效果和效率关系着工程项目的整体造价，因此，要注重预算把控和造价控制。在具体实践中通过构建完善的造价控制体系，实现施工阶段的资源统筹，采取工程变更控制策略，严格控制造价的变化范围。同时采取合同管理方法，合同签订和实施全过程加大对造价的控制，确保工程预算执行到位，减少资金挪用及浪费。

三、工程预算对建筑工程造价控制具体措施分析

（一）提高建筑工程造价控制的针对性

建筑工程造价控制工作贯穿于工程建设的全过程。在建筑工程建设过程中，善于运用工程预算提升与保障造价控制工作。利用工程预算的执行，提升工作的指向性，立足于建筑工程造价控制细节，更好地为预算目标的实现提供针对性的保障，确保建筑工程管理、施工、经济等各项工作的效率性和指向性。

此外，工程预算要利用建筑工程造价的控制平台建立有效性编制体系，将建筑工程造价控制目标作为前提，设置和优化工程预算体系和机制，确保建筑工程造价控制工作的顺利进行。

（二）提升建筑工程造价控制的精确性

精准的工程预算是进行建筑工程造价控制的基础，是建筑工程造价控制工作顺利开展的前提。因此，强化建筑工程造价控制的质量和水平，是现阶段建筑工程造价控制工作的有效路径。提高和优化工程预算计算方法的精准性和计算结果的精确性，避免工程预算编制和计算中出现疏漏的可能；针对施工、市场和环境制定调价体系和调

整系数，在确保工程预算完整性和可行性的同时，确保建筑工程造价控制工作的重要价值。

（三）健全工程造价控制体系

建筑企业利用工程预算工作对工程造价进行全过程控制，通过建筑预算管理，落实建筑工程造价控制细节；通过工程预算的执行，建立建筑工程造价控制工作执行体系。在体现工程预算工作独立性和可行性的同时，促使建筑工程造价控制工作构想的规范化和系统化。

（四）提高工程造价管理人员的专业素质

项目成本控制管理具有高度的专业性、知识性和适用性，也要求相关的项目成本管理人员具有高水平的专业素养，确保所有的项目成本管理人员熟练掌握自身的专业能力，在熟悉自身能力知识的基础上，对施工预算、公司规章制度等相关知识进行进一步学习，不断完善自己，保持工程造价控制的高效性，减少设计成本，提高施工阶段的质量，使工程造价具有科学性。

简而言之，建筑工程预算管理工作是企业财务管理工作的前提，提高预算工作的科学性，有利于推动建筑工程顺利完成。因此，要重视工程造价控制，应用先进的信息技术实现工程预算管理工作，推进建筑工程企业的稳定有序发展。

第三节　建筑工程造价管理与控制效果

本节介绍了建筑工程造价的主要影响要素，分析了当前建筑工程项目造价管理控制中存在的问题，并阐述了提升工程项目造价管理控制效果的关键性措施，从而为企业创造更多的经济效益。

进入 21 世纪以来，我国的社会主义市场经济持续繁荣，城市化进程明显加快。在城市化发展过程中，建筑工程数量明显增多。如何提升建筑工程质量，在市场竞争中占据有利地位，成为各个建筑企业关注的重点问题。工程造价管理控制是企业管理的重要组成部分，也是企业发展立足的根本。为了实现建筑企业的可持续发展，必须分析工程造价的影响因素，发挥工程造价管理控制的实效性。

一、建筑工程造价的主要影响要素

（一）决策过程

国家在开展社会建设的过程中，需要开展工程审批工作，对工程建设的可行性、必要性进行分析，并综合考虑社会、人文等各个因素。在对工程项目的投资成本进行预估时，必须分析相关国家政策，把握当下建筑市场的发展规律，尽可能使工程项目符合市场需求。在对项目工程进行审阅时，需要选择可信度较高的承包商，确保项目工程的质量，避免"豆腐渣工程"的出现。

（二）设计过程

建筑工程设计直接关系着建筑工程的质量，且建筑工程设计会对工程造价产生直接性的影响。在对工程造价费用进行分析时，需要考虑人力资源成本、机械设备成本、建筑材料成本等。部分设计人员专业能力较强、设计水平较高，建筑工程设计方案科学合理，节省了较多的人力资源和物力资源；部分设计人员专业能力较差、综合素质较低，建筑工程设计方案漏洞百出，会增多建筑工程的投入成本，加大造价控制管理的难度。

（三）施工过程

建筑施工对工程造价影响重大，施工过程中的造价管理控制最为关键。建筑施工是开展工程建设的直接过程，只有降低建筑施工的成本，提高施工管理的质量，才能将造价控制管理落到实处。具体而言，需要注重以下几个要素的影响：

①施工管理的影响。施工管理越高效，项目工程投入成本的使用效率越高。

②设备利用的影响。设备利用效率越高，项目工程花费的成本越少。

③材料的影响。材料物美价廉，项目工程造价管理控制可以发挥实效。

（四）结算过程

工程施工基本完毕后，仍然需要进行造价管理，对工程造价进行科学控制。工程结算同样是造价控制管理的重要组成部分，很多造价师忽视了结算过程，导致成本浪费问题出现，使企业出现了资金缺口。在这一过程中，造价师的个人素质、对工程建设阶段价款的计算精度，如建筑工程费、安装工程费等，都会影响工程造价管理的质量。

二、当前建筑工程项目造价管理控制存在的问题

（一）造价管理模式单一

在建筑工程造价管理的过程中，需要提高管理精度，不断调整造价管理模式。社会主义市场经济处在实时变化之中，在开展工程造价管理时，需要分析社会主义市场经济的发展变化，紧跟市场经济的形势，并对管理模式进行创新。就目前来看，我国很多企业在开展造价管理时仍然采用静态管理模式，对静态建筑工程进行造价分析，导致造价管理控制实效较差。一些造价管理者将着眼点放在工程建设后期，忽视了设计过程和施工过程中的造价管理，也对造价管理质量产生了不利影响。

（二）管理人员素质较低

管理人员对项目工程的造价管理工作直接控制，其个人素质会对造价管理工作产生直接影响。在具体的工程造价管理时，管理人员面临较多问题，必须灵活使用管理方法，使自己的知识结构与时俱进。我国建筑工程造价管理人员的个人能力参差不齐，一些管理人员具备专业的造价管理能力，获得了相关证书，并拥有丰富的管理经验；一些管理人员不仅没有取得相关证书，而且缺乏实际管理经验。由于管理人员个人能力偏低，工程造价管理控制水平很难获得有效提升。

（三）建筑施工管理不足

对项目工程造价进行分析，可以发现建筑施工过程中的造价控制管理最为关键，因此管理人员需要将着眼点放在建筑施工中。一方面，管理人员需要对建筑图纸进行分析，要求施工人员按照建筑图纸开展各项工作。另一方面，管理人员需要发挥现代施工技术的应用价值，优化施工组织。很多管理人员没有对建筑施工过程进行预算控制，形成系统的项目管理方案，导致人力资源、物力资源分配不足，成本浪费问题严重。

（四）材料市场发展变化

我国市场经济处在不断变化之中，建筑材料的价格也呈现出较大的变化性。建筑材料价格变化与市场经济变化同步，造价管理控制人员需要避免材料价格上升对工程造价产生波动性影响。部分管理人员没有将取消的造价项目及时上报，使工程造价迅速提升。建筑材料价格在工程造价中占据重要地位，因此要对建筑材料进行科学预算。部分企业仅仅按照材料质量档次等进行简单分类，当材料更换场地后，价格发生变化，会使工程造价也发生变化。

三、提升工程项目造价管理控制效果的关键性举措

（一）决策过程

在决策过程中，即应该开展造价控制管理工作，获取与工程项目造价相关的各类信息，并对关键数据进行采集，保证数据的精确性和科学性。企业需要对建筑市场进行分析，了解工程造价的影响因素，如设备因素、物料因素等等，同时制订相应的造价管理控制方案，并结合建筑工程的施工方案、施工技术，对造价管理控制方案进行优化调整。企业需要对财务工作进行有效评价，对造价控制管理的经济评价报告进行考察，发挥其重要功能。

（二）设计过程

在设计阶段，应该对项目工程方案设计流程进行动态监测，分析项目工程实施的重要意义，并对工程造价进行具体管控。企业应该对设计方案的可行性进行分析，对

设计方案的经济性进行评价。如果存在失误之处，需要对方案进行检修改进。同时，要对项目工程的投资额进行计算，实现经济控制目标。

（三）施工过程

施工过程是开展项目工程造价管理控制的重中之重，因此要制订科学的造价控制管理方案，确定造价控制管理的具体办法。企业需要对工程设计方案进行分析，确保建筑施工实际与设计方案相符合。在施工过程中，企业要对人力资源、物力资源的使用进行预算，并追踪人力资源和物力资源的流向。同时，企业应该不断优化施工技术，尽可能提高施工效率，实现各方利益的最大化。

（四）结算过程

在工程项目结算阶段，企业应该按照招标文件精神开展审计工作，对建设工程预算外的费用进行严格控制，对违约费用进行核减。一方面，企业需要对相关的竣工结算资料进行检查，如招标文件、投标文件、施工合同、竣工图纸等。另一方面，企业要查看建设工程是否验收合格、是否满足了工期要求等，并对工程量进行审核。

我国的经济社会不断发展，建筑项目工程不断增多。为了创造更多的经济效益，提升核心竞争力，企业必须优化工程造价管理和控制。

第四节　节能建筑与工程造价的管理

当前社会经济快速发展的同时，也给生态环境带来了严重的影响，在这种情况下国家强调要节能减排。建筑行业在快速的发展中，建筑又具有高能耗，所以，建筑行业进行变革是一种必然趋势，节能建筑的出现和发展受到了社会各界的关注，其对于居民居住环境的优化具有积极影响，所以，这就要加强对节能技术进行推广。但是节能建筑的造价通常也比较高，所以，要促进节能建筑的推广，提升项目效益，就需要加强造价管控，减少建设的成本，本节就分析了节能建筑与工程造价的管理控制。

建筑具有高能耗的特点，当前国内城市建筑在设计中约有超过 90% 的建筑未进行节能设计，很多建筑依然还是高能耗，就住宅来说，建筑中空调供暖能耗就占据国内用电总能耗的 25% ~ 30%，南方夏季和冬季是使用空调的高峰期，在南方的用电量高达全年的 50%。环境污染让大气层受到了严重的破坏，近些年来国内各地夏季高温季节时间长，空调的用电量也在不断地增加，南方冬季一些恶劣天气日益增加，长期如此，高能耗建筑会让国内能源受到很大的挑战。按照统计，国内每年的节能建筑要是能够增长 1%，就可以节约数以万计的用电量，可以有效地节省能源，所以，为了更好地推广节能建筑，就需要思考怎样有效地控制造价。

一、节能建筑与工程造价之间的关系

（一）节能建筑对于行业的主要影响

当前能源紧缺问题越来越严重，所以，怎样建立节能建筑，优化城市生态环境，是建筑工程发展的一个重要方向。建筑行业需要将科学发展观与建立节约型社会发展的理念进行融合，加强对节能建筑的开发，促进建筑物功能的发展。要提高建筑的使用效率以及质量，就需要采取多样化有效的措施科学地控制建筑材料，制订出最科学的施工方案，在节能环保的前提下，减少工程建设的成本。

（二）工程造价对于节能建筑的有效作用

节能建筑在施工中，工程造价就已经进行了严格的控制，要是施工方不能够全面正确地认识节能，选择材料存在不合理的情况，那么就会影响到建筑的节能性，并不能称作真正意义上的节能建筑，这样的建筑后期在各项资源方面的浪费问题也会很严重。工程造价在控制成本的基础上，还需要重视节能减排的理念，让建筑成本和节能环保能够实现平衡。

（三）节能建筑和工程造价管理思想的变化

要想让节能建筑理念得到更好地推广和应用，造价工程师就需要对以往的造价管理思想进行改变，让工程造价不再限制在对建筑物成本进行控制，还需要全面的研究工程投入使用之后的成本，这样才可以让建筑物真正地做到节能，让建筑工程造价管理可以充分发挥出应有的作用，全面地监督管理建筑工程。

二、节能建筑与工程造价的管理控制

（一）以建筑造价管理为切入点分析建筑物节能

要促进建筑企业现代化发展，就需要注重建筑资源的选择，包含建筑使用时需要供应的各种资源。现代式建筑要求热供应、水资源以及点供应所使用的管道线路等，要在墙体内部进行布置，且要让建筑物可以正常使用，还要考虑每个地区的人们在住房方面的不同要求，在北方就需要注重建筑物内部热能供应，而在南方，就需要注重热水器设计，在节能建筑方面一个关键内容就是怎样科学有效地设计建筑。

第一，对于节能问题需要综合的进行分析，包括建筑技术的应用、材料应用、先进工艺和建筑设备等。在设计造价方案的过程中，工作人员需要先全面地调查研究市场情况，了解行业内地执行发展动向，要能够熟练地使用高新技术和设备，进而对建筑造价方案进行合理的规划。需要以经济核算为中心设计造价方案，不仅需要实现建筑的节能，还需要兼顾企业的经济效益。所以，要想节约建筑中要用到的各种能源，就需要深度地思考各方面因素，如建材选择、周围环境等等，虽然运用新材料可以节能，但是也需要结合实际情况，不然只会增加施工的难度，会让建筑技术成本增加，需要增加投入，影响到项目的效益。所以，这就对有关工作人员提出了较高的要求，需要确保能够及时、可靠地提供信息，为建筑节能工作的开展提供依据。除此之外，还需要构建完善的建筑造价工作管理体系，给造价管控工作的开展提供依据和规范。

（二）材料选择需要注重造价控制

在节能建筑发展中可以看到很多的亮点，比如，建筑材料的应用，在选择材料设计方面使用了稳定室内温度的同时也可以对气候进行调节的材质，这在过去是很难看到的，由于其成本较高，以及太阳能热水器的普及，多管道应用、排水技术合理化等，这些都让我们可以看到节能建筑理念的体现，在业内展会中也可以看到绿色科技的发展。比如，绿色墙面就是由生态植物构建成的，这也被很多的建筑设计进行采用，可以给人们的生活带去更多的舒适感受。再如，铝合金模板在组装上比较方便，无须机械协助，系统设计简单，施工人员的操作效率高，这有利于节省人工成本。铝膜版还具有应用范围广、稳定性好、承载力高、回收价值高、低碳减排等优点，可以减少造价。

（三）构建主动控制、动态管理的造价管理体系

在节能建筑的造价管控方面，需要将这一工作渗透建筑建设的各个环节。施工单位在施工前需要先做好预算，要主动评估各个环节的建筑成本以及使用成本，以此为基础，合理地对工程整体的造价进行管理控制。施工单位在施工中，除了要全面地监督管理工程造价之外，还需要加强自己对于节能环保的认知，选择节能环保的新材料，引入先进的国际管理理念，让企业管理能够实现更好的发展，构建主动控制、动态管理的造价管理体系，进而让节能建筑造价管理体系可以充分发挥出作用。

（四）加强节能建筑的设计，控制成本

节能建筑的设计十分重要，需要对设计方面进行优化，进而为建筑后面的节能和造价管控奠定良好的基础。比如，在设计建筑内部热工选材方面，就需要注重减少热量的大幅度流失，避免出现供热能源没有必要的损耗。为了实现这一目标，在设计方面就需要进行优化。例如，选择屋顶的材料时，需要确保热量不会从屋顶有太多的流失；在选择墙壁材料时，要基于科学的门窗设计确保室内通风换气良好的基础上，选择合理的隔热材料，在墙壁的内外选择合理的保暖或隔热材料；选择门窗的材料时，和传统的单层玻璃相比，双层真空玻璃的热量储备效果要更好。再如，在设计内部采暖时，要确保建筑物适宜居住，就需要在设计的过程中注重考虑建筑物的朝向和地点，还有自然地理环境对建筑物采暖的影响等，进而合理地设计，让建筑物内可以有效地导热和散热，对室内热量储备进行自主调节，减少对空调等的使用，节省能耗，也可以减少成本。

（五）加强施工阶段的造价管控

施工阶段是工程建设中非常重要的一个环节，也是成本最高的一个环节，所以，这就更加需要注重对造价进行管理控制。在施工环节，就是在施工中实际检验企业的造价方案，要是有问题，就需要第一时间解决，并且要进行反思，吸取经验教训，对自己的体制进行健全。企业需要主动响应国家的号召，依据国家基本政策要求，推行节能环保理念，引进新的工艺，节省能源，保护好环境。在施工中设计人员需要强化自身专业节能的探究，不断提升自己的素质，加强节能环保的意识，且要坚持学习先进的管理理念，要结合实际环境情况制订相应的施工方案。

综上所述，节能建筑是当前建筑行业发展的一个重要趋势，其符合经济效益以及可持续发展的要求，能够对居住环境进行优化，促进人们生活质量的提升，有效地利用资源。所以，为了促进节能建筑的发展，让建筑物实现真正意义上的节能，就需要在落实环保节能理念的同时，注重对造价进行管理控制，采取有效的措施，提升造价管控效果。

第五节　建筑工程造价管理系统的设计

建筑工程项目的管理工作具有十分重要的地位，而工程造价全过程动态控制工作是管理工作的重要内容，其可以影响整个建筑工程质量的高低以及进度的快慢。工程造价全过程动态控制工作又称工程造价全程管理，其对于一个工程的整个过程都有着一定程度的影响，建筑工程的最初筹建到后期的结束以及建筑工程的质量检测，这一过程都离不开全过程工程造价管理工作，因为科学地落实造价全过程，可以确保整个建筑工程的最终利益。

随着我国经济水平的快速提升，我国的各个行业都在不断发展、发现新的管理体制，21世纪是网络化的时代，因而网络信息化管理体制成为我国众多领域的首选管理方法。该管理体制通过对大量数据的记录与分析，以达到有效的管理目的。而在建筑工程造价过程中，应用云计算系统对整个过程进行管理，已经成为建筑领域的主流。主要通过建立建筑工程造价系统，保证该系统能够全面适应造价管理机制，从而有利于造价监督管理的高效化和智能化，以此促进建筑行业的健康发展。本系统将计算机的特性高效利用，建立与建筑造价活动相关的资料信息系统，为建筑工程提供准确的工程造价服务。受我国经济的高速发展以及经济全球化的发展等因素的影响，我国大部分建筑企业开始加大对建筑工程造价全过程动态控制的重视程度，建筑工程在开展工作时相较于以前管理水平明显得到了提升，同时促进了建筑企业的进一步的发展。

一、管理信息系统概述

随着我国信息技术的不断发展，建筑工程的管理信息系统的定义也随之不断更新。目前，将管理信息系统分为两部分，分别是人和计算机（或智能终端）。管理信息又分为六个部分，分别是信息收集、信息传播、信息处理、信息储存、信息维持、信息应用。管理信息系统属于交叉学科，具有综合性的特点，该学科组成包括计算机语言、数据库、管理学等。各种管理体制都离不开一项重要的资源，那就是信息，有质量的决策是决定管理工作优劣的重要条件，而决策是否正确取决于信息的质量，信息质量越高决策的准确率越高，因此，确保信息处理的有效性是信息管理的关键。

二、系统目标分析

每一个管理系统都有一个特定的功能目标，具体指管理系统能够处理的业务以及完成后的业务质量。建筑工程造价系统可以通过图片、录像、文件、数据等方式来观察工程的进展情况，主要反映工程的质量、安全性以及工程成本。同时可以随时观察建筑工程完成程度、工程款的支出与收入情况、外来投资的使用情况等。建立有效完整的统计分析功能，以此方便建筑公司对基层建筑项目全方位的分析，进而通过比较分析工程的需要。另外，还能通过工程造价管理平台计划，体现出计划与实际的差距，有利于后面工程的执行。配合构建合理的报表体系，该报表要确保符合国家相关部门的要求，同时符合建筑公司对业务管理的需求。建筑公司的各个部门均要严格按照要求制定报表，这样可以有效地减轻报表统计的工作量。

三、系统构架、功能结构设计

建筑工程造价管理系统的核心是数据库，任何一个工程处理逻辑均需数据库做辅助，因此该管理系统中数据库有着不可替代的地位。其中，多个数据进行操作过程可以对应一个处理逻辑。为了稳定系统的性能，需要将系统的各项业务进行合理的分离处理，每一个业务活动都有与之相对应的模块，众多业务模块中，任何一个发生变化都会影响其他业务，系统设计时要将系统的扩展性考虑在内，这样能够减轻软件维护的工作量。系统的功能结构主要包括三个部分，分别是工程信息模块、工程模板模块、招标报价模块。首先，工程信息模块内容主要有项目信息、项目分项信息等。而资料中未提到的项目，应该根据实际情况做出相应的补充。工程模板模块的主要功能是，根据不同建筑工程的信息选择最适宜的造价估算模板。模板必须通过审核才能够被应用。最后，招标报价模块内容有器材费、材料费、项目费用等。其主要功能有定期查询工程已使用材料的价格单、维护价格库、制定新建工程项目的报价单等。

综上所述，可以看出一项建筑工程的成功完成，永远离不开工程造价全过程动态控制分析管理工作的有效进行，其在保证最大经济效益的同时还能确保施工进度的完成速度。从建筑工程施工的最初计划指导到施工全过程的合理安排，都应严格根据已经落实的制度进行施工，保证其科学性、安全性以及有效性，提高工作的效率，通过一系列的手段来达到高质量建筑工程的目的。

建筑工程施工活动需要有科学的管理体系作为支撑，在应用新型管理平台时，必须要兼顾多个管理项目，包括人员、资金以及其他物质资源等。管理者应当通过造价管理系统来全面落实造价管理工作，不同工程的资金消耗情况不同，具体设定的工程造价也存有差异性，本节结合现代造价管理需求，探讨设计造价管理系统的方法。

计算机技术在工程管理环节发挥的作用越来越重要，在很多管理环节，造价管理系统都可以发挥作用，科学的管理平台可以满足一些基础性的工程管理需求。针对当前的工程造价管理活动中存在的问题，可以利用更多科学技术手段与数据资源来建设符合造价管理需求的综合化管控平台，管理者也要有意识地使用新的信息工具来辅助造价管控工作。本节提出设计新型造价管理系统的方法，并分析系统在工程结算等环节中的使用效果。

基于系统的需求的分析，建筑工程造价管理系统中，项目部、财务部、采购部、设计部、施工部等都是通过浏览器方式进行操作的，即系统采用 B/S 模式。这些在行政上既是相互独立的又是逻辑上的统一整体，都是为工程建设服务。用户管理子系统主要是用来管理参与建筑工程项目的所有人员信息，包括添加用户、修改用户信息、为不同的用户设置权限，当用户离开该工程项目后，删除用户。造价管理子系统主要是对工程建设中的资金进行管理，包括进度款审批、施工进度统计、工程资金计划管理、材料计划审批、预结算审核、造价分析等。工程信息管理子系统主要是对工程信息进行管理，包括工程项目的添加、修改、删除、项目划分、工程量统计等。

材料设备管理子系统主要是对工程所需要的材料和设备进行管理，包括采购计划的编写、招标管理、采购合同管理、材料的入库登记和出库登记。实体 ER 图是一种概念模型，是现实世界到机器世界的一个中间层，用于对信息世界的建模，是数据库设计者进行数据库设计的有力工具，也是数据库开发人员和用户之间进行交流的语言，因此概念模型一方面应该具有较强的表达能力，能够方便直接地表达并运用各种语义知识，另一方面它还应简单清晰并易于用户理解依据业务流程和功能模块进行分析。系统存在的主要实体有用户实体、工程信息实体、分项工程实体、设备材料实体、定额实体、工程造价实体、工程合同实体等。

随着计算机技术及网络技术的迅猛发展，信息管理越来越方便、成熟，建筑工程信息管理也逐渐使用计算机代替纸质材料，并得到了推广和发展。本建筑工程造价管理系统采用当前流行的 B/S 模式进行开发，并结合了 Internet/Intranet 技术。系统的软件开发平台是成熟可行的。硬件方面，计算机处理速度越来越快，内存越来越高，可靠性越来越好，硬件平台也完全能满足此系统的要求。

建筑工程造价管理系统广泛应用于建筑工程造价管理当中，可以有效地控制造价成本，降低投资，为施工企业带来极大的利益。在控制施工进度和质量的前提下，确保工程造价得到合理有效的控制，从而实现施工企业的经济效益。本系统经费成本较低，只需少量的经费就可以完成并实现，并且本系统实施后可以降低工程造价的人工成本，保证数据的正确性和及时更新，数据资源共享，提高工作效率，有助于工程造价实现网络化、信息化管理。建筑工程造价管理系统主要是对各种数据和价格进行管理，避免大量烦琐且容易出错的数据处理工作，这样方便统计和计算，系统中更多的是增删查改的操作，对于使用者的技术要求比较低，只需要掌握文本的输入、数据的编辑即可，因此操作起来也是可行的。

四、工程造价管理系统分析

（一）建筑工程招投标环节

在进入建筑工程的招投标阶段之后，需要进行招标报价活动，利用造价管理系统来完成这一环节中的造价管控任务，招标人需要在设定招标文件之后，严谨检查招标文件，注意各个条款存在的细节问题，确认造价信息后需开启造价控制工作，为后续的造价控制工作提供依据，将工程相关的预算定额信息、各个阶段的工程量清单与施工图纸等核心信息都输入造价管理平台中。

工程量清单的内容必须保持清晰明确，同时每一个工程活动的负责人都必须认真完成报价与计价的工作，具体的投标报价需要符合工程的实际建设状况，考虑到工程资金的正常使用需求的同时，还必须对市场环境下的工程价格进行考量，参考市场价格信息，工作人员还必须编制其他与工程造价相关的文件。

（二）建筑施工环节

施工环节是控制工程造价的重点环节，在前一个造价控制环节中，一些造价设定问题被解决，施工单位能够获取更加科学的造价控制工作方案，按照方案中具体的要求来展开控制工程成本的工作即可，但是实际施工环节仍旧会产生一系列的造价控制问题，主要是受到了具体施工活动的影响，当施工环境的情况与工程方案设计产生冲突之后，工程的成本消耗会出现变动，工程造价也随之出现变化，因此这一建设阶段的造价控制工作必须要被充分重视。使用造价管理系统来核对实际的工程建设情况，是否符合预设的造价数值，一旦需要增加或者减少工程量，需要先向上级申请，确定通过审核之后，才可真正地对工程量进行调整，并且需要清晰记录造价变动情况，确定签证量信息，在后期验收环节，还必须注意对项目名称进行反映，形成完整的综合单价信息之后，将其向造价管理平台输送，出现信息不精准的情况之后，要联系相应的施工负责人，确定造价失控情况形成的原因，避免出现结算纠纷的问题。新型造价控制方法的优势体现在其动态化特点，当实际的工程情况出现变化之后，可以在平台中随时修改数据。

（三）竣工结算环节

造价管理平台在最终的项目结算环节也可以辅助造价控制工作，管理者可以直接在平台上对工程量数据进行对比，确定签订合同、招投标以及施工工程中的造价信息是否可以保持一致，验证造价管理工作的开展效果，将造价管理的水平提升到更高的层次上。

新型造价管理平台支持更多与造价相关的操作，一些既有的造价控制问题也被解决，工作人员可以使用新型信息化工具来调用造价数据库，增强控制工程造价的力度，综合造价管理水平被提升，多个环节中难以消除的造价管理问题被化解，工程资金损耗也被减少。

造价管理是当前大型建筑工程中的重点管理任务之一，建筑工程需要创造的效益有很多种，建设方的工程建设理念发生改变之后，工程建设工作的整体难度也被提升，因此一些新型技术手段必须在工程管理环节发挥作用。本节重点针对造价管理这部分需求，设计了可使用的管理平台，工程人员必须要参考正常造价以及成本管理任务来完善平台内部系统，以此保障依托于信息化科技的造价管理平台可被正常使用。

第五章 建筑成本管理

第一节 建筑成本管理的问题

随着国家经济的发展越来越好，企业之间竞争越来越激烈，竞争的性质和类型也各有不同。市场在不断变化，企业就需要从内部进行管理，实现企业利润最大化。建筑企业的利润空间逐渐被压缩，有效的成本管理才能促进建筑企业经济发展。所以建筑企业对建筑成本管理的现状进行分析，探究管理在建筑行业的重要性，希望找到有效的建筑行业成本管理方法。

在建筑企业中，建设工程项目是主要的盈利来源，工程项目是否可以带来良好的收益，和建筑工程稳定经营有着直接的联系。施工质量控制工作是施工单位的重点环节，具有极重要的作用。其中，项目施工质量控制和项目成本控制工作之间有着相同性，两者的目的都是一样的。而且，工程项目是否盈利还和项目成本管理工作有着密切的联系。因此，要想提升建筑企业的经济效益，除了严格控制工程质量之外，还要加大对成本的管理力度，摒弃以往传统单一的成本管理方式，全方面创新和改进项目成本管理模式。

建筑工程中的成本管理工作，主要是指建设某项工程项目产生的全部费用，成本管理则是对在全面管理项目费用的基础上提升工程质量和经济效益，减少成本浪费。从实际情况来看，施工成本属于一项过程性的理念，其包含的内容很多，比如合同签订阶段、施工阶段以及工程完工阶段包含的全部费用，这些都是要求施工人员必须重点控制的。

一、成本管理在建筑经济中的现状

（一）成本管理

成本管理是企业在管理时以企业全面发展作为基础，通过企业的总体目标，发现企业的成本发展空间，建立企业发展战略体系。成本管理先规划，再计算，然后是控制，最后评价。要将成本管理与内部情况有机结合，使企业在成本体系的基础上激励员工，使员工与企业共同发展，共同进步。

（二）成本管理在建筑经济中存在的不足

我国改革开放在不断深入，经济水平也不断提升，建筑业在我国国民经济中占有中流砥柱的地位。尽管我建筑业已经有了飞跃式进步，相关企业也随之蓬勃发展，但是在企业的发展过程中，成本管理还存在一些不足。建筑经济中的成本管理理念还较为落后，很难达到先进的水平。我国很多企业对成本管理不够重视，所以成本管理人员的成本意识也比较浅薄。在实际中，缺乏相应的管理人才，建筑企业成本管理中还存在很多矛盾，造成建筑企业中很难将资源有效配置，成本难以降低，建筑企业不能获取理想的利润。成本管理是比较复杂的，但是在实际中，企业高层对成本管理的认识还不够深刻，认为成本管理是企业财会部门的任务。建筑企业领导只在意利润，对成本管理不重视，导致企业未能得到很好的发展。建筑企业领导对成本管理的认识还没有到达一定高度，所以在生产经营过程中，成本管理考核制度存在不合理之处。

二、建筑成本问题的控制策略

（一）建立完善的成本管理体制

建筑企业要想对成本进行合理严格把控，就必须合理完善的成本管控体制，而合理的成本控制体系，必须建立专门的成本管理机构与部门。此外，还要对整个施工过程中涉及的人员灌输成本控制思想，使所有在工程中的参与者重视成本控制。这样一来，成本管理问题能在整个单位从上到下都引起重视。建筑成本管理贯穿于整个工程项目的各个环节，对经济效益有着重要的影响作用，对人工、材料、设备等成本进行严格控制可以保证工程的质量，对成本管理进行合理的数据分析，发现一些不合理的问题，随时加以改进。

（二）严格制定成本管理目标

为了使建筑成本管理更加高效，要严格制定成本管理的目标，管理围绕着目标进行展开，使一系列的管理都具有方向性，避免出现计划混乱问题，在后续的成本管理工作中具有指导作用。而合理的成本管理目标需要全方位掌控工程的各项信息，且掌握外界环境的各种影响因素，进行明确具体的分析。

（三）建立奖惩机制

目前，很多单位都没有建立合理的奖惩机制，这就造成员工"大锅饭"的思想，无论做了多少工作，结果都是一样的，日复一日，容易造成员工懈怠、干劲不足等，使公司人员和资源的利用率不高，累积下来，造成大量不必要的浪费，企业效益极低。因此，为了不在人员成本上造成浪费，企业应建立合理的奖惩机制，充分调动员工的积极性，提高工作效率，让员工充满责任感。

（四）精确测量与计算成本数据

一个庞大的建筑工程往往具有完善的数据系统，精准的测量与计算在整个施工过程中是十分必要的，一个细小的误差就有可能造成大量的成本浪费，影响企业利润。精准的数据分析应贯穿整个施工过程，选取合理的预算方法与工具，根据工程的进展不断修正，使其更加精确，以便根据工期的进度合理安排成本，避免浪费。

（五）加强对人工成本和材料成本的控制

人工成本和材料成本在施工过程中占了很大比重，对于人工成本的控制，主要是控制工人的工资和生产力，避免出现工时过于紧张或者工时浪费的情况；同时，应不断提高工人的专业技术能力，给工人创造良好的工作环境，根据工人的自身情况进行工作调整，使效率最大化。对于材料成本的控制，要求采购人员优先选择质量较好的产品，避免掺杂劣质的、有问题的材料。在材料领用环节，应进行严格把关，可以采用限额领料制度，避免不必要的浪费；在材料保管环节，应提供合适的环境与保管方式，避免材料受潮、淋雨、暴晒、被污染等问题，并定期进行检查。

（六）加强工程进度控制

对于施工进度的控制，要求一项工程的管理者随时掌握工程进度和施工过程中遇到的种种问题，了解工程与预期进程是否有偏差，并根据实际情况进行有效调整，所以企业应指派专门负责人去施工现场，并通过测量计算有关数据，掌握成本信息。

当今社会，市场竞争日趋激烈，企业要想立于不败之地，就必须制定严格合理的管控机制。而影响建筑成本的因素非常多，所以一定要完善建筑成本的管理体系，进行人工和材料的控制等，在合理范围内降低成本，为企业创造更大的经济效益，提高企业的竞争力，使其在建筑行业激烈的竞争中脱颖而出。

第二节　装配式建筑的成本管理

本节分析研究了装配式建筑与传统现浇建筑的发展现状，对装配式建筑产业链成本控制主要环节的有关问题剖析阐释，运用现代化技术手段重点研究影响装配式建筑产业链的成本管理问题，依据成本组成、影响要素分析和控制措施提出相应的意见建议，以实现对装配式建筑成本的全过程动态管理。

与传统现浇建筑相比，装配式建筑在资源、经济、施工建设方面的优势明显。我国大中城市群建筑工地是引发城市扬尘的主要因素，建筑业空气污染高达15%。开发绿色建筑 PC，需要做的第一件事情就是成本管理。

装配式建筑产业链的具体问题可归纳为三个部分：缺乏相关政策法律，标准规范尚未建立；预制装配式技术落后，管理体制不够创新；综合经济效益偏低，缺乏市场竞争力。本节从装配式建筑产业链四个重要阶段入手，分析了存在问题及相应对策。研究方法主要有 EPC 模式、全过程管理、价值工程、成本分析法、标准化工作及制度建设。

一、问题分析

（一）生产设计阶段

装配式建筑产业链设计生产阶段是成本控制的源头。在传统现浇建筑设计基础上，深化设计费用上浮 30%~40%，行业存在增量。国内预制构件的设计和生产还没有完整的统一标准可循，构件类型单一，标准化程度低。大多数制造商仍在生产梁、板等水平预制构件，而柱、楼梯等垂直部件的生产量不大；装配式建筑模具的利用率较低，大构件运输不便捷，在模具设计过程中不能及时发现其中的问题，后期调整不及时导致工期延长及人工成本增加；装配式建筑的构件生产完成并由车间制造，与在现场的大量组装业务和原班人马就地操作的成本相比大大降低。然而，在现场制作过程中预制构件的维护不到位，现场生产效率低，不合理的拆解也将增加生产成本；当前我国具备资质的设计和生产单位对预制混凝土技术了解尚浅，部分企业达不到各专业充分结合的要求，专业间的对接性较差、管理力度不够。

（二）招投标阶段

招投标是一项涉及企业声誉、经济、技术等综合实力的工程活动，受各方面因素制约。装配式建筑企业施工和生产任务主要通过招标渠道获取。投标工作质量直接影响施工单位的成本管理。部分企业为了提高自身的经济效益，便随意投标报价；一些行政部门，给竞标者暗箱操作的机会；招投标文件中的合同条款表述不够严谨完整，导致招标时工程量清单出现错误；评标委员会考虑不周降低了标底的准确性等等。这一切问题都源于我国在装配式建筑领域的法律法规尚不完善，加上有关行政部门对招标工作的监管不力，未能及时制止这种行为的发生。

（三）施工阶段

装配式建筑的施工阶段保留过多传统现浇建筑的模式经验，使得建造成本大幅度增加。现存在的问题如下：在现场布置和施工顺序方面，装配式建筑不同于传统现浇建筑模式，装配式建筑由于要大量吊装大构件，其垂直运输费用大；对施工进度与采购进度的配合要求较高；安装环节也有一定技术难度，施工工人由于操作不当而产生一些不必要的开销，同时 pc 构件等材料成本也在装配式建筑项目成本构成中占很大的比重。

（四）运营阶段

由于装配式建筑产业化工厂养护和堆放的场地需求较大，政府在土地面积税率和补贴方面的政策措施不够全面，过高的成本让许多房地产开发商望而却步。

二、措施

（一）生产设计阶段

装配式建筑的全寿命周期成本管理，主要是考虑在项目准备和建设阶段的预制建筑的增量成本。随着工厂的信息化科学管理，装配式建筑的成本性能越来越高。因此，有必要考虑的不仅仅是零部件的处理成本，还有绿色节能建筑技术的附加成本，提高监管效能，尽早在生产设计阶段介入成本控制。

实行标准化设计，设计人员应合理计算 PC 构件模数，注意多组合少统一，灵活运用叠合板、二次钢筋绑扎搭接技术；创建严格的设计变更检查系统，并降低设计变更的成本限额，以满足装配式建筑企业合同协议的成本要求。如设计变更费一旦高于生产订单要求的 5.5% 时，则扣罚一定比例的设计费（设计质保金），并根据成本条款严格执行设计变更；提高预制构件生产工艺性能和劳动生产率，采用流水施工方式和环形生产线来组织生产，加强 PC 构件新材料的研究，提高设计生产精度；设计师与财务管理部门统筹管理动态控制投资，按照装配式建筑工程项目的实际情况与成本要求进行深入分析和调研，进而制订出质量完备的工程设计方案。协调安排设计生产作业和专业工程承包方，降低装配式建筑项目的人、材、机成本；利用价值工程优化设计生产方案，以 EPCM 全产业链协同创新管理为前提，采用现代信息技术管理方法，严格遵循 FIDIC 和绿色建筑评价标准体系，通过设计和生产优化实现帕累托最优。

（二）招投标阶段

在招标文件编制阶段，设计师们应当深入剖析现有图纸中的问题，各流程之间进行协调，以保证使用功能正常的条件下，采用成本效益高的施工材料和工艺。投标必须遵守法律法规和市场经济秩序，制定招标文件依据建筑市场的实际情况。为防止部分投标企业采取不正当手段来竞争建设项目资格的情况产生，做一个在合理范围之内的项目成本。同时，尽快提高 EPC 工程总承包项目的招投标管理制度，加强装配式建筑项目的合同管理，明确落实 EPC 承发包商责任，改进风险管理和质量安全监控，使该文件拥有较高的制约性和可操作性，从而满足市场需求，尽可能地降低工程成本。

（三）施工阶段

为了解决装配式建筑项目施工阶段的成本问题，首先需要提高施工现场的管理水平。在装配式建筑项目施工过程中，项目经理需要结合装配式建筑的施工特点才能制定出科学合理的施工顺序。根据施工特点合理选择施工机械，裁定最合适的施工方案。PC 构件的安装快慢对施工阶段的成本有很大影响。因此，有必要结合施工现场计算使用起重机的频率位置，以降低部件库存和二次处理情况的发生。其次是需要加大信息化应用程度，在建筑规划阶段，设计单位可以使用 BIM+REVIT 进行清查，利用现场管理和施工过程中的仿真模拟，识别并解决可能遇到的任何问题，优化生产设计和施工流程，方便了施工交底和施工指导，并直观彻底地向现场作业人员传达需要的信息，防止因人工操作不当造成成本消耗。最终，将 EPC 模式应用于装配式建筑。在 EPC 模式中，原始现场施工被分成两个部分：工厂制造和现场组装，可实现场空间的交叉流动操作和缩短整个施工时间。将 EPCM 融摄施工阶段的成本管理，各种材料和零部件的成本将是透明的，并在合理的范围进一步降低采购成本。

（四）运营阶段

为了更好地解决 14 亿人口的安家问题，国家正在改革和完善房地产市场经营管理体系。装配式建筑行业备受政府的关注，各个城市都提出了额外的土地出让条件和优惠政策。目前已有超过 30 个省份出台装配式建筑的保障政策，除了国家政策支持、城市群建筑行业发展推动的外部因素之外，预制混凝土建筑在缩短项目开发周期、提高房地产企业资金周转率方面的优势，也是推动房地产企业应用装配式建筑技术的重要内部因素。

装配式建筑作为一种新型建筑模式，推广的道路上还存在着一些制约因素，比如造价成本高等。信息化和工业化融合发展是推动建筑业结构性经济改革的重要推手，通过装配式建筑产业布局调整及完整生态产业链的打造，在今后的市场角逐中，有效的成本管理尤为重要。一旦这些问题得到解决，装配式建筑在未来能源信息化建筑工厂的社会效益和经济效益将不可估量。

第三节　建筑成本管理的意义

在我国经济稳定发展的背景下，建筑工程数量增加，工程量及工程需求量扩大。部分建筑工程建设周期较长，需要较多的资金投入，影响建筑成本的因素也较为复杂。在实际的建筑工程建设中，由于施工计划缺乏合理性、建筑设计缺乏科学性、工程施工缺乏规范化管理，导致建筑资源浪费严重，实际降成本远超过预算成本，但施工质量却没有提高，严重影响建筑工程的发展。本节以建筑工程建设阶段划分为基础，分析建筑工程项目立项、决策、设计、债投标、施工阶段成本管理的意义，并根据各阶段成本的影响因素，制定建筑成本管理策略。

建筑成本即工程的建造价格。通常情况下，建筑成本数额较大，并且会受到工程建设需求的影响而产生差异。同时，在建筑工程建设过程中，建筑成本会受到较多因素的影响，如设计变更、安全事故等。此外，建筑工程建设包含多个分部工程，每一分部工程的成本不同。最后，建筑施工周期较长，每一阶段的计价方式都存在差异，建筑成本也有所不同。因此需要根据工程项目建设阶段的划分，重视各阶段之间的联系，继而采取不同的成本管理策略。

一、注重建筑成本管理的意义与作用

（一）优化资金配置

目前，我国加大了对各类建筑工程建设的资金投入，但仍然难以填补工程建设所需的资金缺口，主要原因在于没有对建筑成本进行全面化、动态化管控。在精细化、整体化、动态化管理的新时期，建筑成本管理势在必行。在建筑工程项目建设过程中，建筑成本会呈现波动趋势，传统的成本控制策略难以实现对建筑成本跟踪式、动态式管理，导致成本控制效率低下，甚至会影响施工进度。

（二）防范财务风险

建筑工程建设具有较高的风险，如施工风险、环境风险等。这些风险的诱导因素复杂，如施工人员施工技能不足、设计环节对施工地点水文、地质等条件没有进行全面勘察等都会影响施工进度，增加建筑成本，诱发财务风险。为此，项目建设主体需要深刻分析工程项目建设各个阶段的成本，降低财务风险。

二、建筑成本管理策略

（一）建筑设计阶段成本管理策略

建筑设计是否全面对建筑成本具有直接影响。建筑设计不仅需要符合建筑功能的需求，还需要具有可行性。因此，建筑设计需要全面、综合地考虑在整个施工过程中的实际施工难度、施工技术的选择、施工流程的划分、施工材料的配比、施工环节物资的分配等。建筑设计的基础是对建筑物施工地点的实际勘察，建筑结构的复杂程度以及形式影响建筑设计。同时，建筑施工地点的特殊地质、岩石特性、地形地貌、交通电力通讯资源情况、特殊环境要求、地方政策等都对施工工艺、工法、配套设备具有较大的影响。一旦勘察不到位，就会引发不必要的设计变更，增加建筑成本。为此，工程项目经理需要细致审核建筑设计的可行性。同时，在建筑成本中，材料费用可达建筑总成本的60%。在材料的选择上，既要符合美观性、功能性、环保性等要求，又要注重材料的经济性。为此，需要充分考虑材料的地域限制，如果选择本区域内没有的材料，就需要从其他地区运输材料，不仅增加材料成本，还会影响工程进度。此外，需要推行限额设计，根据施工能力、资金流等施工企业实际情况制定限额设计目标，避免因限额设计目标过高而影响建筑设计的合理性、科学性，同时避免因限额设计目标过低而影响设计的经济性。可根据工程可行性报告以及投资估算，在初步设计阶段制定限额设计目标，注意限额设计与建筑成本控制的联系，成本管理人员全程参与设计各个阶段，一方面要保证设计对资金的有效控制，另一方面要对多个设计方案进行论证、对比，择优选择，保证工程技术与经济的统一。

（二）建筑施工阶段成本管理策略

在建筑施工过程中，应当采用工业化、标准化的施工工艺与技术，以机械化代替人工施工、生产，一方面可以减少工程项目施工过程中的人力成本，另一方面可以减少现场制作产品，缩短工期，继而降低建筑成本。同时，在对技术进行选择时，应当尽可能选择国内已经成熟的先进技术。新兴技术虽然能够提高施工效率，但是其市场透明程度较低、应用经验匮乏，还需要较大的资金投入。因此，建筑成本管理人员要在对新兴技术可行性进行充分分析、调研的基础上进行选择。此外，在设备选择上，尽可能选择通用化、标准化的设备，既要符合施工需求，又要考虑到设备的自主维修保养，避免在设备维护上花费大量资金。

（三）竣工验收环节成本管理策略

该环节需要项目的建筑方严格地对施工预算之外的额外费用进行必要的审核。对于施工时所用的签证和图纸不符合的工作量也要进行及时的结算。在竣工的时候对于工程量要进行及时的核查，结算时要始终保持销量不调价的方式，对于发生的工程量进行必要的结算。在施工后需要对超出招标范围之内的工程量和所使用的费用进行及时的核查和整理。在对项目施工结算时，包括设计方面和清单方面所遗漏的项目资金都需要进行审核。其次在项目结算的过程中，包括设计的变更和清单的费用，都需要进行及时的核查，由建筑方和监理方进行最后的工程项目核算审查工作。

（四）在成本管理中融入现代信息技术

建筑成本管理人员需要对工程建设中与设备、人力、施工进度、施工技术、施工工序等相关数据进行收集。例如，施工信息通常由现场人员进行采集与记录。人工信息收集的缺点在于难以发现工程要素之间的内在联系，容易遗漏关键的造价控制点。除此之外，人工进行信息记录的工作任务繁重，既要进行跟踪式记录，又要记录各个施工环节，难以保证建筑成本信息记录的准确性。为了保证建筑成本信息的全面性与精准性，需要利用BIM技术，将工程信息、人员信息、设备信息、施工信息等进行整合，识别其中能够影响建筑成本的要素，并对各类信息进行计算和分析，制订详细的成本控制计划。同时通过对比现场数据与BIM模型中的成本控制计划，综合分析成本偏差的原因，制定纠偏措施。

（五）注重影响建筑成本的关键因素

设计变更是指在工程实施阶段，因实际施工情况与建筑设计不符，而需要改变设计内容的情况。一般情况下，建筑工程项目是采用一边设计、一边勘察、一边施工的方式，在工程施工过程中的设计变更影响因素较多，导致工程项目需要进行变更索赔，极大地削弱了施工前成本控制作用。因此，建筑成本管理人员应与设计者、建设单位、施工单位针对可能出现的重大调整进行预测，共同协商解决方式。建筑成本管理人员需要综合考虑新材料、新工艺等特殊设计情况、当地自然资源情况、社会及自然环境及潜在施工干扰情况等，对施工地点进行实地调查，避免施工过程中出现重新设计的情况，降低建筑工程项目的损失。

（六）做好工程造价预结算审核工作

建筑工程造价，即建筑工程所需要投入的资金总和。建筑工程造价预决算审核是指对建筑工程量、建筑工程单价等进行全面审查，保证建筑工程造价的预算与决算衔接，达到降低建筑工程建设成本，提高建筑工程经济效益的目的。建筑工程造价预决算审核工作涉及建筑工程前期的设计、建筑施工建设以及建筑工程竣工验收的各个环节。在建筑工程设计阶段，预决算审核工作主要是对建筑工程的资金、人力、设备等投入进行估算；在建筑工程建设施工环节，预决算工作的重点在于发挥监督作用，督促施工企业按照前期建筑工程造价预算合理分配及使用资金，避免出现人力、材料浪费现象；在建筑工程竣工验收阶段，预决算审核的工作集中在决算中，需要仔细核对建筑工程资金使用情况，汇总建筑工程建设中全部的费用支出。总体来说，建筑工程造价预决算审核贯穿于决策、设计、施工及竣工验收等建筑工程建设始终，工作要点如下：

1.建筑工程量审核

建筑工程造价预决算审核中对建筑工程量的审核要秉承全面性原则。审核人员需要全面掌握施工设计图纸、施工图纸以及施工方案等相关资料，使用正确的建筑工程量计算方式，加强对隐蔽建筑工程验收记录的审核，保证审核内容无遗漏。审核工作首先要核对预算定额与作业图纸中的细目是否一致，这是预算单价套用的基础，在仔细核对后，如果发现细目之间没有偏差，就可以套用单价。此外，在建筑工程量审核中，预算定额细目与实际施工图纸细目中所使用的计量单位必须统一，对于数字类单位如"m""km"等单位的审核较为简单，但是对于设备类的计量单位，如"台""套"等，审核人员要根据实际情况，审核细目间计量单位是否统一。

2.材料价差的审核

材料费用可占建筑工程造价的 60% 以上，所以对材料价格及价差的审核也成为建筑工程造价预决算审核工作的重点内容。首先，审核人员需要掌握材料的数量、种类及型号，在此基础上核对材料的计收，重点审核材料的数量、规格的计收方式是否符合定额分析结果。同时，部分建筑工程的建设周期较长，所需材料种类及数量规模较大，材料价格会随着市场发展及时间产生价格波动，审核人员需要按照施工周期，分段对材料价格进行审核，保证审核的准确性。

3. 中期付款审核

中期付款审核同样是建筑工程造价预决算审核的重要内容。审核人员首先需要针对相关合同条款以及合同中规定的款项进行严格审核。在确定合同中约定需要中期付款后，审核人员需要对付款方式、付款金额等进行全面审核，审核无误后，才可以将钱款按照合同约定方式转入合同另一方账户。

当前建筑工程项目成本管理中存在成本估算不准确、信息共享不良、招投标施工阶段管理不善的问题，为此，需要加强对建筑设计、施工阶段的资本管理，做好工程造价预结算审核工作。同时，结合现代管理技术，提高对影响建筑成本关键点的管控。

第四节　建筑成本管理的控制

本节针对建筑成本管理控制方式以及相关问题进行阐述，结合建筑成本管理现状，首先分析了建筑成本管理的影响因素，其次对建筑成本管理问题进行研究分析，再次提出建筑成本管理控制有效措施建议，最后总结出制定科学合理的成本管理目标、积极引进先进的成本管理手段、增强成本分析的科学性、施工材料成本的有效控制等方式，目的在于提高建筑成本管理质量。

随着社会的发展和建筑行业的进步，我国建筑企业对成本管理的关注度不断提高。尤其是在社会主义市场发展基础上，建筑行业逐渐出现自主经营、自负盈亏的模式，这种经营模式与企业发展最终目的之间相冲突，需要为社会发展提供更多高质量服务，要求建筑企业不断提高建筑成本管理控制，寻找适当的建筑成本控制方式，更好地适应激烈的市场竞争，降低建筑企业成本投入，从而获取更高的利润。

一、建筑成本管理影响因素

建筑企业项目建筑以及开展过程中包含非常多的建筑环节，成本管理与社会环境、市场环境、内部环境等具有紧密联系，其影响因素可以划分为以下几个方面：

（一）建筑成本设计因素的影响

建筑项目中的设计因素对成本具有重要影响，建筑设计理念是影响成本变化的关键一点，尤其是设计理念中，建筑企业中积极以科学技术为基础，同时建筑的外观设计、环保性能等都需要不断提升。当然建筑设计设计范围以及内容的不断增多，其需要的建筑成本也会增加，美观性以及建筑设计的环保性等都需要非常多的建筑成本支持。与之相对应进行分析，如果建筑成本中设计理念不断调整，提高其中经济性以及适用性等方面的特点，就能够帮助建筑企业节省一部分的建筑成本，并且保证建筑质量。在此基础上，建筑项目设计中，建筑方案的制订对建筑成本高低也非常重要，制订适当的建筑方案，一些企业将建筑项目选择外包出去，或者采用公开招标的方式选择施工单位，从建筑成本角度分析，公开招标模式更加适合成本控制，帮助建筑企业合理开展项目建筑，节省更多的建筑成本。

（二）建筑结构与建筑用途的影响

对于建筑企业来讲，建筑结构与用途之间存在不同，当然建筑结构与建筑用途都对建筑项目成本管理具有重要作用。适当的建筑结构以及用途的确定，帮助建筑施工企业选择科学的施工方式，合理规划建筑用料等，从细节上节省建筑施工成本。在相同建筑面积上，建筑结构比较复杂、居民楼或者是工作单位使用的写字楼等，都对建筑施工要求严格，并且需要投入的建筑使用材料也比较多，相对来讲成本更加复杂。但是建筑结构比较简单的项目，比如说生产厂房或者仓库等，其施工方式相对简单一点，需要的材料种类较少，因此建筑成本相对较低。

（三）管理因素的影响

建筑项目中的管理因素，从施工管理中能够明显地体现出来，施工单位对项目施工展开科学管理，帮助其更好地进行工程建设，在保证工程顺利施工基础上，尽量减少其中消耗的施工材料，保证施工成本，为施工的顺利进行奠定基础。与此同时，建筑项目管理期间，合理的管理手段可以帮助建筑企业减少更多的工作量，降低人工成本费用，这样就能够合理控制成本，在降低成本基础上获取更高的收益。

（四）其他因素的影响

建筑成本管理的影响因素很多，其涉及范围较广，地质环境对建筑成本管理的顺利进行非常重要，同时不同影响因素的难度存在很大差别。天气条件变化，如果持续暴雨或者汛期等，建筑项目施工就会延迟，材料管理等也需要采取更多的措施，人工成本、材料成本等会增加，工程不能按照工期顺利完成，时间成本也会增加。项目合作的双方，信誉度至关重要，良好的配合为项目顺利完成奠定了基础，很多因素都对建筑成本管理具有影响。

二、建筑成本管理问题分析

建筑成本管理仍存在一些问题，主要体现在以下几个方面：

（一）成本管理目标制定缺乏科学性

当前一些建筑企业中，成本管理都是以企业施工建筑为主提出成本管理目标，但是这种成本管理目标的制定不够全面。具体开展建筑成本管理期间，企业施工不能严格按照设计方案进行，施工图纸制定不够详细，同时施工期间分析力度不够，不能及时深入市场中进行考察。施工成本管理不能做到因地制宜，项目预算以及控制等方面缺少科学性。

（二）成本管理手段急需改进

成本管理中对建筑项目进行了详细划分，将其规划为几个环节，项目设计到收工检验，全过程实施成本管理，每个环节都需要详细审查，仔细进行成本管理与控制。建筑项目本身具有范围广、复杂性等特点，所以建筑成本管理的内容也十分复杂。积极开展成本管理工作，提高其有效性，需要从几个方面进行统筹规划，如建筑部门之间的紧密联系、管理手段的创新、管理工具的完善等。但是实际建筑项目实施成本管理期间，首先在管理手段上没有及时创新，其次施工工具的管理不够缜密，尤其是计算机、网络技术等方面，存在很大的欠缺，部门之间协调性不理想等，造成成本管理质量不达标。

（三）成本分析不全面

当前市场中大部分的建筑企业，其开展成本管理工作期间，没有对建筑成本内容进行详细的分析，导致成本管理效果得不到提升。财务人员对工程建设中产生的数据统计不及时，成本管理期间不能提供准确的数据参考资料，导致数据缺少可靠性。成本管理分析不到位，成本管理就会出现很多盲区，制订的成本管理方案盲目性不可避免，对企业盈亏等分析不合理，导致成本管理工作不能顺利开展。

（四）成本管理相关体系不健全

成本管理过程中，其管理体系建设不够完善，导致项目成本管理中部门之间的分工以及责任划分不明确，很多成本问题没有及时寻找原因，给予解决。还存在一些成本管理直接依附到财务管理部门的现象，导致企业成本管理有效性、科学性受到阻碍。

三、建筑成本管理控制有效措施建议

对于建筑企业来讲，成本管理是帮助其控制成本变化的重要基础，同时也是提高建筑企业管理质量的重要手段，成本管理控制中存在一些管理问题，需要将这些问题及时完善，才能更好地帮助建筑企业提高成本管理质量。

（一）制定科学合理的成本管理目标

制定科学合理的成本管理目标，帮助建筑企业更好地提高成本管理质量。成本管理目标的科学性，为成本管理提供更加准确的方向。制定成本管理目标期间，首先深入市场进行成本调查，对企业中涉及的建筑材料以及市场环境等进行熟悉，积极融入科学的计算机技术，对成本管理展开准确计算，保证成本管理方案的科学完善，这样才能帮助其更好地在实际成本管理中运行。与此同时，成本管理目标的制定还需要保持一定的弹性，注重其动态调整，结合市场发展以及环境变化，及时对目标做出调整，一定要确保成本管理的目标与项目实施之间保持一致。比如，某工程项目预计工程工期为 9 个月，经过市场调查以及分析，制订了合理的成本管理方案。尤其是其中的材料成本以及设备管理等。但是进入 7 ~ 8 月份，汛期来临，成本管理目标本来认定 9 个月工期可能会延迟，这期间积极采用第二套备用方案，该方案中将汛期期间工期的推迟以及材料保管、设备保管等都进行了详细规划，在降低管理成本基础上，保证工程的顺利进行。管理成本目标对成本管理非常重要，科学的目标指引，增加了项目施工的规律性与方向性。

（二）积极引进先进的成本管理手段

成本管理创新需要先进的成本管理手段作为基础。信息化时代的到来，科学技术发展迅速，在此背景下，计算机网络等技术不断渗透各行各业中，当然建筑企业也不断创新成本管理技术，帮助其更好地满足信息化时代的要求。成本管理中计算机技术的渗透，帮助其提高账目管理质量、增强数据统计管理的准确性等，为成本管理带来更多的发展动力。建筑企业积极建立属于自己的管理系统，专注于成本管理，积极利用计算机技术，对成本管理科学有效的运行，并且帮助建筑企业制订科学的成本管理方案，增强成本管理的科学性。与此同时需要注意，计算机技术对管理中部门之间的沟通交流进行协调，同时还能够增强责任分配科学性，完善成本管理中考核规范制度，为成本管理提供更多的方便，帮助其开展成本管理工作期间，能够做到有章可循、有法可依，帮助其更有效地进行成本管理工作。

（三）增强成本分析的科学性

成本分析期间，其能够帮助成本管理制订更加科学的管理方案，为其提供相应的参考依据，同时增强参考数据的稳定性与合理性。对于建筑企业来讲，财务部门针对项目建设中产生的各种成本数据都要及时总结与整理，根据数据分析对企业项目建筑期间产生的盈亏状况详细统计。同时项目分析期间，对资金使用的合理性与欠缺性进行归类，清楚认识到成本资金在什么方面属于合理应用，同时哪些建筑材料以及资金存在浪费等，科学进行成本分析，将统计资料进行保存，为后续的施工建设提供成本管理数据参考。进入市场对成本管理调查分析阶段，对市场环境详细观察，中和相关建筑项目需要消耗的成本，积极参考以前项目建筑期间成本管理的资料，对材料价格、设备价格、人工价格等都进行统计分析，掌握这些数据之后，对数据进行详细分析，制订详细的成本管理方案，结合施工地点、季节变化、环境、地质等因素，对施工方案进行统筹规划，注重每个环节的成本分析，保证成本分析科学性基础上，推动成本管理的质量的提升，为建筑项目施工的顺利进行奠定基础。

（四）有效控制施工材料成本

施工材料成本是成本管理中的重要组成，施工材料管理期间，其项目数据分析要保证准确。财务管理期间，施工材料属于其中一个重要项目，针对材料成本管理，需要建立完善的材料成本管理制度，同时成立财务审计小组，对材料成本账务的真实性、准确性进行核算。有效控制材料成本费用，增强成本管理质量。比如材料采购期间，必须对材料价格进行市场调查，并且深入材料加工地点进行监督审查，保证材料达到施工建筑标准基础上，对材料进行购买，重视材料性价比。其次是材料运输以及管理方面也需要严格控制，材料运输期间，根据材料属性选择最适当的存储手段。一些怕潮或者怕水的材料，必须准备防潮设备。水泥或者混凝土等材料，其强度非常关键。如果保存不得当，导致材料不能使用，还需要重新购进，材料浪费会导致材料成本增加。财务审计小组人员，对材料管理等进行全面审计，定期对审计内容进行统计，为后续工作的开展奠定基础。

综上所述，对于建筑成本管理来讲，虽然一直在不断探索适当的成本管理方式，同时在不断创新改革基础上也获得了很多的成效，但是其中仍存在一些问题，应积极对其进行优化调整，更好地提高成本管理质量。

第五节　绿色建筑的成本管理

随着日益恶化的气候环境和不断紧缩的可利用资源，绿色、环保、低碳建筑越来越受重视。本节在阐述了绿色建筑概念及成本构成的基础上，对影响绿色建筑成本的因素进行全面剖析，进而针对相应的影响因素提出有效的控制对策和方案，为绿色建筑施工管理中成本控制提供了思路。

随着社会的可持续发展，面对日益严峻的气候环境以及有限的可利用资源，作为高耗能的建筑行业，尤其受到威胁。因此，绿色、环保、低碳的建筑理念越来越被重视。住建部也将绿色建筑发展工作列入"十三五"规划中，规划提出，城镇绿色建筑占新建建筑比重达到50%，绿色建材应用比例达到40%，进一步推动了绿色建筑的规模化发展进程。建造成本是绿色建筑的参建方重点关注的问题。

一、绿色建筑概念及成本构成

（一）概念

绿色建筑是在全寿命期内，最大限度地节约资源（节能、节地、节水、节材）、保护环境、减少污染，为人们提供健康、适用和高效的使用空间，与自然和谐共生的建筑。"绿色建筑"的"绿色"，并不是指一般意义的立体绿化、屋顶绿色建筑花园，而是代表一种概念或象征，指建筑对环境无害，能充分利用环境自然资源，并且在不破坏环境基本生态平衡条件下建造的一种建筑，又可称为可持续发展建筑。

（二）成本构成

鉴于绿色建筑的建造标准和建造要求，建造成本必然成为参建各方关注的焦点。

①节能成本。绿色建筑不同于普通建筑，对于外墙保温、屋面防水、室内散热、照明电气等的建造和安装，通过采用新型环保节能的材料，利用风能、太阳能、生物能和海洋能等可再生能源，来实现建筑物的整体节能。与普通建筑相比，这无疑增加了一定的成本支出。

②节地成本。节地成本主要体现在通过生态恢复技术，将因采矿、工业和建设活动挖损、塌陷、压占、污染及自然灾害毁损等原因而导致废弃的土地进行恢复，来建造利用率高的建筑物，从而节约土地成本。例如，有效地利用地下建筑空间、采用新型建筑结构或建筑通道、对软土地进行强夯等方法进行改良。

③节水成本。节水成本主要是通过优化室内室外排水系统，安装水资源净化和循环装置来节约整体水用量。例如，采用天然雨水利用和安装新型排水管道的方式来促进水源的节约和再利用。

④节材成本。节材成本主要是指为节约材料而采用绿色建材、合理建筑结构体系、成品或半成品建材应用、高强建材应用、土建装修一体化、不必要的装饰性构建精简等技术及措施产生的成本，如采用新型水泥、高强高性能混凝土、新型钢筋加工处理以及材料再利用等产生的增量成本。

三、绿色建筑成本影响因素分析

（一）技术方案

施工技术是实现绿色建筑的核心，同时也是建筑成本增加的主要来源。绿色建筑的功能需求是施工技术选择的前提，而施工技术则是功能需求满足的保证。节能、节地、节水、节材等新理念势必需要相应的新的施工技术，那么，技术方案的研究、创新、试用、评价都是必经的步骤，而这些步骤的实施必然带来成本压力。

（二）法律法规

建设标准是对绿色建筑整体建设等级的衡量，是编制、评优项目可行性研究和投资估算的重要依据。中国城市研究会绿色建筑研究中心经住房和城乡建设部授权，每年都会在全国范围内进行一星级、二星级和三星级绿色建筑评价，引导绿色建筑有效实施。由于绿色建筑的建设标准不同于普通建筑建设标准，要求的材料等级和设备型号等标准都相对较高，这同样会造成成本增加。

（三）人员素质

新的节能技术需要专业人员施行，无论是管理人员，还是施工人员，不仅需要提升自身的技术水平，相互之间的合作也需要维持和强化。这涉及大量的培训费用，这也是成本增加不可忽视的一个方面。

四、绿色建筑成本控制对策

（一）技术方案更新

在施工过程中，应积极研究使用新工艺，通过不断地进步，使施工技术水平有效提高。在施工技术管理工作方面，企业可选择合理有效的激励措施，从而使施工技术人员在研究施工技术方面提高热情，以更好地研究并且改进施工技术，进而使企业绿色施工水平得到真正提高，同时也能够使企业竞争能力以及发展能力得到有效提高。

（二）法律法规深入学习

对于不断更新完善的法律法规等规章制度，应定期组织相关人员进行透彻学习和研究，并结合以往相关案例进行分析，吸取经验，总结教训，以最大范围地杜绝因法律法规带来的索赔。

（三）人员进行综合培训

对于管理人员，应增加继续学习和进修机会，不断更新管理理念和挖掘更高效的管理技巧，多与国内上市公司和国际公司的管理层进行交流，学习借鉴有用的管理理念，提升自身的综合水平。

对于施工人员，应加强新技能、新工艺的培训学习。施工技术员是施工现场生产一线的组织者和管理者，在工程施工过程中具有极其重要的地位，施工技术人员应以高度的责任感，对工程建设的各个环节做出周密、细致的安排，并合理组织好劳动力，精心实施作业程序，同时应具备应付突发事件的能力。因此，需要不断地充电学习，以培养施工人员更专业、更全面、更严谨的职业道德和素养。

同时，应注重管理人员和施工人员的结合，加强培养技术和管理同时具备的复合型人才，使管理人员既有技术方面的优势，又有管理方面的优势。

（四）市场价格合理协调

绿色建筑需求绿色材料和节能设备，这些材料和设备的市场价格随市场供需变化而变动，采购人员应及时掌握市场细分策略及产品、价格、渠道、促销方面的知识，分析市场状况及发展趋势，分析供货商的销售心理。同时，采购人员也要不断地从谈判技巧、谈判心理、相关政策等方面进行进修，以不断增进其团队协作能力和语言表达能力。

绿色建筑施工是近几年来备受国家重视的一项工作，本节在阐述了绿色建筑概念及成本构成的基础上，对影响绿色建筑成本的因素进行了全面剖析，进而针对相应的影响因素提出有效的控制对策和方案，为绿色建筑施工管理中成本控制提供了思路。

第六节 建筑经济的成本管理

随着社会的不断发展，建筑行业为我国的经济发展和民生稳定做出了非常突出的贡献。当下，建筑经济成本管理问题已经成为制约建筑行业持续向好以及稳定发展的重要因素。加大建筑行业的成本管理力度，不但能够保证建筑工程的高质量，而且对建筑施工企业经济效益的提高有显著的作用。本节就建筑经济的成本管理存在的问题，进行了深入的探究并提出了与之对应的解决方案，对相关工作人员有重要的参考意义。

建筑企业经济成本管理工作是非常重要的一个环节，该项工作的合理开展直接决定了企业经济效益的提升以及后期运营情况。从当前建筑企业经济层面管理工作实际开展情况来看，还面临着较多的问题，具体表现为制定的管理体系不完善，理念较为滞后。要想扭转这一局面，就要求建筑企业树立正确的成本管理理念，采取合理的方式对经济成本进行管理，在减少资金输出的基础上帮助企业获取更多利润。

一、市场经济环境下建筑经济成本管理的重要性

（一）建筑企业核心竞争力重要评估参数之一

在城市化进程加快背景下，建筑市场经济迅速发展，随之而来的是建筑企业之间的市场竞争加剧。基于本质角度而言，建筑企业之间的市场竞争具体包括产品质量和产品价格，而基于建筑企业角度而言，产品质量和产品价格之间的竞争实质是产品成本竞争。因此，建筑企业加强经济成本管理，是提升市场产品核心竞争力的有效手段之一，也是推动建筑企业快速发展的重要举措。

（二）建筑产品价格决定性因素之一

建筑产品价格确定之前，建筑企业通常需要以建筑成本为对象展开仔细的综合性计算评估，并在此基础上，综合考虑市场经济因素进行综合性评估，同时，立足于获取最大化经济效益，最终确定建筑产品价格。唯有通过这种方式确定的建筑价格，才能被与建筑产品密切相关的单位认可。

（三）建筑企业决策工作重要参考依据

大部分企业决策建立在成本核算工作基础上，目的是获取可观的经济效益，从而为实现企业稳定、健康、持续发展夯实基础。对于建筑企业而言，决策亦是如此，唯有建立在成本核算工作基础上，才能保证建筑企业决策的科学、合理性，以此获取可观的经济效益。基于这一角度分析，可发现建筑经济成本管理直接影响着建筑企业的决策。

（四）建筑施工质量反馈指标之一

在建筑工程项目中，建筑经济成本管理与建筑企业活动息息相关。基于细节角度分析可知，具体建筑施工中使用的各项原材料的合格性、生产效率等，均可以从建筑施工质量客观反映出来。同时，通过这种方式也可以反映出建筑经济成本管理对建筑企业经济的具体影响。

二、现阶段建筑工程经济成本管理中存在的问题

（一）建筑经济成本管理体系不够完善

跟随着时代的发展脚步，建筑行业也在快速发展，但是，相关的建筑经济成本管理体系却没有因为行业的快速发展而实现同频率的优化和完善。目前，建筑行业采用的还是老一套的建筑经济成本管理体系，导致建筑企业在资金管理方面会出现很多以前没有遇到过的新问题。

（二）招标工作流于形式

在实施建筑经济成本管理工作的时候，只专注于对施工过程中的管理，却忽略了分包队伍招标工作的管理，招标人员责任心不强，未对分包队伍诚信进行考评，未仔细调查其履约能力，未进行市场价调查，以至于所选出的分包队伍素质不高，后续施工工作的开展问题颇多。

（三）管理意识薄弱

成本管理是一个系统工程，需要工作人员的参与配合，寻求配备专业的成本管理人员，并合理使用成本管理工具，包括在线监测和现场管理。施工人员必须具有一定的合作意识，能够准确地报告工作的每个阶段，并按照成本计划进行合理的工作。但

实际上，大多数施工队伍缺乏相应的意识，更注重最终的经济利益，认为只控制工作链和施工进度就可以提高经济效益。此外，由于缺乏职业标准制度，在人员部署中没有考虑到人员和工作内容的准确性，也没有建立内部管理机制，使成本管理人员无法开展工作，导致成本管理体系发挥不了作用。

（四）建筑材料管理不到位

建筑材料在建筑工程开展期间占据着重要的地位，其性能直接决定了工程成本输出和经济效益的提升以及质量。不过从当前的成本管理工作来看，并没有加大对建筑材料采购储存和应用环节的控制力度，也没有结合实际情况制定规范性的材料管理体系，导致问题频繁出现。再加上材料储存不合理，管理流程混乱，所以材料实际应用账目不清楚，使得成本一直处于上涨的状态。

（五）没有制定健全的建筑成本管理考核体系

当前阶段，建筑企业虽然实施了建筑成本管理工作，可是该项工作具体实施情况过于表面化，负责该项目的人员没有正确了解自身应尽的职责，建筑企业也没有制定健全的成本监督管理和考核体系，即便有少部分企业制定了各项体系，可是在执行期间效果难以发挥出来，致使建筑企业成本管理工作无法有效开展，效率下降。

三、建筑经济成本管理的优化策略分析

（一）树立先进的建筑经济成本管理理念

建筑企业在开展建筑经济成本管理工作过程中，唯有树立先进的建筑经济成本管理理念，才能保证建筑经济成本管理工作高质高效地进行。因此，建筑企业需在日常工作中加强教育和宣传，保障企业全体职工树立先进的经济成本管理理念，并增强集前瞻性、全面性和动态性于一身的成本管理意识。同时，建筑企业开展建筑经济成本管理时，需重视各项预防措施的制定和落实，并结合建筑市场环境的发展，不断调整各类预防措施，为高质高效开展建筑经济成本管理提供保障。除此之外，建筑经济成本管理理念需贯穿建筑工程项目建设始末，运用先进的建筑经济成本管理理念指导开展各项具体工作，并针对成本做好定期或者不定期检查工作，若发现问题则需要第一时间采取有效措施进行处理，且不得忽视工程施工过程中隐形成本的控制，如变更费用、索赔等。唯有如此，才能切实提高建筑经济成本管理工作效率和水平，确保建筑企业经济效益最大化。

（二）严格招标工作，选择高质量分包队伍

可采取公开招标，成立专门的监督检察小组，对建筑工程招投标工作进行有效的监管，以提高招标工作的公正性，避免内部出现滥用职权、以权谋私的违规行为，同

时对拟中标分包队伍的施工资质、诚信、履约能力等进行全面评估，选择具备相应的施工资质的高质量的分包队伍，严禁选择资质不达标的分包队伍，为后续建筑工程的顺利施工提供重要保障。所选择的施工单位必须是招投标中的最优方案，其资源分配需要满足于建筑施工的各项要求。及时签订书面合同，在合同中明确双方责任、权利、义务，同时施工过程中应加强对分包队伍管理，彼此之间及时交流与沟通，减少合同纠纷。高质量、高素质的施工队伍可基于公正原则实施劳务分包工作，其能够严格按照施工规章制度的要求来执行作业，可把控好施工进度，在规定时间内保质保量地竣工，可有效规避建筑施工中的成本风险。

（三）提前做好物资需求计划，加强物资集中采购管理

在建筑施工现场，应当有专门的人员进行管理，要加强对施工材料的管理，控制施工材料的采购工作，根据施工图、工程进度需要，提前做好物资需求计划、采购计划。对于钢材、防水、土工布等大宗物资，由公司统一进行集中采购，以获得最优价格，降低物资经济成本。与此同时要做好每一个施工材料的使用记录，限额发料，减少施工中材料的浪费，杜绝出现偷工减料的行为。建筑工程的物资招标文件要严格编制，详细记录每一种物资的名称、规格、型号、质量标准、计划进场时间，以及评估供应商投标报价是否合理，其报价与市场价格是否相差甚远。在进行预算的时候，一定要先进行市场调查，查看施工中所需材料的市场行情，避免所制订的预算方案与实际应用误差过大。

（四）健全管理机制，优化管理体系

健全的经济成本管理机制是降低企业施工成本的重要方式，要想系统而规范地管理建筑工程，就必须有健全的经济成本管理机制，这对经济成本管理的细化也具有重要意义。而想在原来的基础上健全经济成本管理机制，就得有专业的评估人员科学预测施工成本和预算，对每一步的成本进行详细的核算，施工成本合理、规范和全面的预算对企业成本的控制和资源的节省有重要的作用，也使得管理人员能够更加合理地调配工作人员。同时，健全的成本管理机制，使工作人员对自身的工作职责更加明确，那么他们也就会更加认真负责，而不存在侥幸心理。针对建筑企业的管理体系进行分析，根据建筑工程的特点优化管理体系。首先要明确管理制度，提高成本管理的地位，加大成本管理的威慑力度，确保各个部门的协作配合。其次是需要做好分工工作，明确各个部门的主要职责，与成本管理工作相联系。

（五）完善建筑经济成本管理考核制度

在管理过程中，经济成本管理与施工企业经营、长远发展紧密联系，加强建筑经济成本管理考核，有利于更好的管理。在管理过程中，应努力加强对管理人员素质的培养，完善管理人员的管理理念，根据企业的实际发展情况调整工作方法，更好地为

经济成本管理部门服务。对建筑经济成本管理考核过程中，要结合工程实际情况，制定有针对性的考核标准，结合相关的奖惩制度，从而更好地发挥建筑经济成本管理的作用。

综上所述，建筑行业作为我国国民经济的支柱性产业，对市场经济稳定、持续发展具有较大影响。因此，市场经济下的建筑企业十分重视建筑效益，需要树立先进的建筑经济成本管理理念，构建完善的建筑经济成本管理体系等，以此有效提高建筑经济成本管理工作水平，进而推动建筑企业的稳定发展。

第六章　建筑工程定额计价

计算建筑工程造价的依据种类繁多，其中建筑工程定额是建筑工程计价的最主要依据。在工程项目的各个建设阶段，编制不同的造价文件，都需根据相应的工程定额来进行。因此，掌握建筑工程定额的基本知识，懂得各种建筑工程定额的概念、作用、内容组成、编制依据及方法等，是我们正确地应用建筑工程定额进行建筑工程造价预测及计算，编制建筑工程造价文件的一个重要前提。

第一节　建筑工程定额概述

一、工程定额的概念

所谓定额，就是规定的额度或限额，即规定的标准或尺度。

在社会生产中，为了完成某一合格产品，就必须要消耗（或投入）一定量的活劳动与物化劳动，但在生产发展的各个阶段，由于各阶段的生产力水平及关系不同，在产品生产中所消耗的活劳动与物化劳动的数量也就不同。但在一定的生产条件下，活劳动与物化劳动的消耗总有一个合理的数额。

定额的种类很多，在建设工程生产领域内的定额统称为建设工程定额。在合理的劳动组织和合理使用材料和机械的前提下，完成某一单位合格建筑产品所消耗的活劳动与物化劳动（资源）的数量标准或额度，称为工程建设定额，简称工程定额。

建筑工程定额是指在一定的社会生产力发展水平条件下，在正常的施工条件和合理的劳动组织合理使用材料及机械的条件下，完成单位合格建筑工程产品所消耗的人工、材料、施工机械等资源的数量标准，它是建设工程定额中的一种。

定额中数量标准的多少称为定额水平，是一定时期生产力的反映，与劳动生产率的高低成反比，与资源消耗量的多少成正比，有平均先进水平和社会平均水平之分。

二、工程定额的特点

（一）科学性

工程定额的科学性包括两重含义：一是指工程定额和生产力发展水平相适应，反映出工程建设中生产消费的客观规律；二是指工程定额管理在理论、方法和手段上适应现代科学技术和信息社会发展的需要。

工程定额的科学性，首先表现在用科学的态度制定定额，尊重客观实际，力求定额水平合理；其次表现在制定定额的技术方法上，利用现代科学管理的成就，形成一套系统的、完整的、在实践中行之有效的方法；最后，表现在定额制定和贯彻的一体化。制定是为了提供贯彻的依据，贯彻是为实现管理的目标，也是对定额的信息反馈。

（二）系统性

工程定额是一个相对独立的系统，它是由多种定额有机结合而成的整体。它的结构复杂，有鲜明的层次和明确的目标。工程定额的系统性是由工程建设的特点决定的。

（三）统一性

工程定额的统一性主要是由国家对经济发展计划的宏观调控职能决定的。为了使国民经济按照既定的目标发展，就需要借助于某些标准、定额、参数等，对工程建设进行规划、组织、调节、控制。而这些标准、定额、参数必须在一定范围内是一种统一的尺度，才能实现上述职能，才能利用它们对项目的决策、设计方案、投标报价、成本控制进行比较和评价[5]。工程定额的统一性按照其影响力和执行范围，有全国统一定额、地区统一定额和行业统一定额等；按照定额的制定、颁布和贯彻使用，有统一的程序、统一的原则、统一的要求和统一的用途。

（四）权威性

工程定额具有很大的权威性，这种权威性在一些情况下具有经济法规性质。权威性反映统一的意志和统一的要求，也反映信誉和信赖程度及定额的严肃性。

工程建设定额的权威性的客观基础是定额的科学性。只有科学的定额才具有权威。

（五）稳定性和时效性

工程建设定额中的任何一种都是一定时期技术发展和管理水平的反映，因而在一段时间内都表现出稳定的状态。稳定的时间有长有短，一般为 5 年至 10 年。保持定额的稳定性是维护定额的权威性所必需的，更是有效贯彻定额所必需的。如果某种定额处于经常修改变动之中，那么必然造成执行中的困难和混乱，使人们感到没有必要去认真对待它，很容易导致定额权威性的丧失。工程建设定额的不稳定也会给定额的编

5　刘兴昌．建筑工程规划 [M].北京：中国建筑工业出版社，2006.

制工作带来极大的困难。但是工程建设定额的稳定性是相对的，具有一定的时效性。当某种定额使用一定时间后，随着社会生产力向前发展，原有的定额内容及水平就会与已经发展了的生产力不相适应。这样，定额原有的作用就会逐步减弱以至消失，需要重新编制或修订。

三、工程定额的分类

工程定额的种类很多，根据生产要素、用途、费用性质、主编单位和执行范围、专业的不同，可分为以下几类：

（一）按生产要素分类

进行物质资料生产必须具备的三要素是劳动者、劳动对象和劳动手段。劳动者是指生产工人，劳动对象是指建筑材料和各种半成品等，劳动手段是指生产机具和设备。为了适应工程建设施工活动的需要，工程定额按三个不同的生产要素分为劳动消耗定额、材料消耗定额和机械台班消耗定额。

（二）按用途分类

在工程定额中，按其用途可分为施工定额、预算定额、概算定额、概算指标和投资估算指标。

（1）施工定额。施工定额是以同一性质的施工过程——工序作为研究对象编制的，是企业内部使用的一种定额，属于企业定额的性质。施工定额是建设工程定额中分项最细、定额子目最多的一种定额，也是建设工程定额中的基础性定额，由劳动定额、材料消耗定额和施工机械台班消耗定额组成。施工定额是编制预算定额的基础。

（2）预算定额。预算定额是以建筑物或构筑物各个分部分项工程为对象编制的定额。预算定额是以施工定额为基础综合扩大编制的，同时也是编制概算定额的基础。预算定额是编制施工图预算的主要依据，是编制单位估价表、确定工程造价、控制建设工程投资的基础和依据。预算定额是一种计价性定额。

（3）概算定额。概算定额是以扩大的分部分项工程为对象编制的，一般是在预算定额的基础上综合扩大而成的，也是一种计价性定额。概算定额是编制扩大初步设计概算、确定建设项目投资额的依据。

（4）概算指标。概算指标是概算定额的扩大与合并，是以整个建筑物或构筑物为对象，以更为扩大的计量单位来编制的。一般是在概算定额的基础上编制的，是设计单位编制设计概算或建设单位编制年度投资计划的依据，也可作为编制估算指标的基础。

（5）投资估算指标。估算指标通常是以独立的单项工程或完整的工程项目为对象，是在项目建议书和可行性研究阶段编制投资估算、计算投资需要量时使用的一种指标，是合理确定建设工程项目投资的基础。

（三）按费用性质分类

按国家有关规定制定的计取间接费等费用的性质分类，工程定额可分为直接费定额、间接费定额、其他费用定额等。

建筑工程费用定额也称为取费定额，建筑安装工程费用定额一般包括措施费定额和间接费定额。它是指在编制施工图预算时，按照预算定额计算建筑安装工程定额直接费以后，应计取的间接费、利润和税金等取费标准。现行费用定额是根据国家建设部的统一部署，各省市按照国家建设部确定的编制原则和项目划分方案，结合本地区的实际情况进行编制。建筑工程费用定额必须与相应的预算定额配套使用，应该遵循各地区的具体取费规定。

（四）按主编单位和执行范围分类

按照主编单位和管理权限，可将建设工程定额分为全国统一定额、行业统一定额、地区统一定额、企业定额、补充定额等。

全国统一定额是由国家建设行政主管部门，综合全国工程建设中技术和施工组织管理的情况编制，并在全国范围内执行的定额。

行业统一定额是由行业建设行政主管部门，考虑到各行业部门专业工程技术特点以及施工生产和管理水平所编制的，一般只在本行业和相同专业性质的范围内使用。地区统一定额是由地区建设行政主管部门，考虑地区性特点和全国统一定额水平做适当调整和补充编制的，仅在本地区范围内使用。

企业定额是指由施工企业考虑本企业的具体情况，参照国家、部门或地区定额进行编制，只在本企业内部使用的定额。企业定额水平应高于国家现行定额，才能满足生产技术发展、企业管理和增强市场竞争力的需要。

补充定额是指随着设计、施工技术的发展，现行定额不能满足需要的情况下，为了补充缺陷所编制的定额。补充定额只能在指定的范围内使用，可以作为以后修订定额的基础。

补充定额是定额体系中的一项重要内容，也是一项必不可少的内容。当设计图纸中某个工程采用新的结构或材料，而在预算定额中未编制此类项目时，为了确定工程的完整造价，就必须编制补充定额。

（五）按专业不同分类

按专业不同，定额可分为建筑工程定额、安装工程定额、建筑工程定额、装饰工程定额、仿古及园林工程定额、爆破工程定额、公路工程定额、铁路工程定额、水利工程定额等。

第二节　建筑工程设计概算

一、设计概算概述

（一）设计概算的概念

设计概算是初步设计概算的简称，是指在初步设计或扩大初步设计阶段，由设计单位根据初步设计图纸、定额、指标、其他工程费用定额等，对工程投资进行的概略计算，这是初步设计文件的重要组成部分，是确定工程设计阶段投资的依据，经过批准的设计概算是控制工程建设投资的最高限额。

（二）设计概算的内容

设计概算分为三级概算，即单位工程概算、单项工程综合概算、建设项目总概算。

（1）单位工程概算。单位工程概算是确定各单位工程建设费用的文件，是编制单项工程综合概算的依据，是单项工程综合概算的组成部分。

（2）单项工程综合概算。单项工程综合概算是确定一个单项工程所需建设费用的文件，它是由单项工程中的各单位工程概算汇总编制而成的，是建设项目总概算的组成部分。

（3）建设项目总概算。建设项目总概算是确定整个建设项目从筹建到竣工验收所需全部费用的文件。它是由各个单项工程综合概算以及工程建设其他费用和预备费用概算汇总编制而成的。

（三）设计概算的作用

设计概算主要有以下几方面的作用：

（1）设计概算是确定建设项目、各单项工程及各单位工程投资的依据。按照规定报请有关部门或单位批准的初步设计及总概算，一经批准即作为建设项目静态总投资的最高限额，不得任意突破，必须突破时需报原审批部门（单位）批准。

（2）设计概算是编制投资计划的依据。计划部门根据批准的设计概算编制建设项目年固定资产投资计划，并严格控制投资计划的实施。若建设项目实际投资数额超过了总概算，那么必须在原设计单位和建设单位共同提出追加投资的申请报告基础上，经上级计划部门审核批准后，方能追加投资。

（3）设计概算是进行拨款和贷款的依据。建设银行根据批准的设计概算和年度投资计划，进行拨款和贷款，并严格实行监督控制。对超出概算的部分，未经计划部门批准，建行不得追加拨款和贷款。

（4）设计概算是实行投资包干的依据。在进行概算包干时，单项工程综合概算及建设项目总概算是投资包干指标商议和确定的基础，尤其经上级主管部门批准的设计概算或修正概算，是主管单位和包干单位签订包干合同，控制包干数额的依据。

（5）设计概算是考核设计方案的经济合理性和控制施工图预算的依据。设计单位根据设计概算进行技术经济分析和多方案评价，以提高设计质量和经济效果。同时保证施工图预算在设计概算的范围内。

（6）设计概算是进行各种施工准备、设备供应指标、加工订货及落实各项技术经济责任制的依据。

（7）设计概算是控制项目投资，考核建设成本，提高项目实施阶段工程管理和经济核算水平的必要手段。

二、设计概算的编制

（一）编制依据

（1）经批准的建设项目计划任务书。计划任务书由国家或地方基建主管部门批准，其内容随建设项目的性质而异。一般包括建设目的、建设规模、建设理由、建设布局、建设内容、建设进度、建设投资、产品方案和原材料来源等。

（2）初步设计或扩大初步设计图纸和说明书。有了初步设计图纸和说明书，才能了解其设计内容和要求，并计算主要工程量，这些是编制设计概算的基础资料。

（3）概算指标、概算定额或综合预算定额。概算指标、概算定额和综合概算定额，是由国家或地方基建主管部门颁发的，是计算价格的依据，不足部分可参照预算定额或其他有关资料。

（4）设备价格资料。各种定型设备（如各种用途的泵、空压机、蒸汽锅炉等）均按国家有关部门规定的现行产品出厂价格计算；非标准设备按非标准设备制造厂的报价计算。此外，还应增加供销部门的手续费、包装费、运输费及采购保管等费用资料。

（5）地区工资标准和材料预算价格。

（6）有关取费标准和费用定额。

（二）单位工程概算的编制

单位建筑工程设计概算，是在初步设计或扩大初步设计阶段进行的。它是利用国家颁发的概算定额、概算指标或综合预算定额等，按照设计要求进行概略地计算工程造价，以及确定人工、材料和机械等需要量的一种方法。因此，它的特点是编制工作较为简单，但在精度上没有建筑工程施工图预算准确[6]。

---

6 王云江.建筑工程概论 [M].北京：中国建筑工业出版社，2007.

一般情况下，施工图预算造价不允许超过设计概算造价，以便设计概算能起到控制施工图预算的作用。所以，单位建筑工程设计概算的编制，既要保证它的及时性，又要保证它的正确性。

建筑工程设计概算的编制方法包括扩大单价法、概算指标法、类似工程预算法。

（1）扩大单价法。当初步设计达到一定深度、结构比较明确时，可采用这种方法编制工程概算。

采用扩大单价法编制概算，首先应根据概算定额编制扩大单位估价表（概算定额基础价）。概算定额是按一定计算单位规定的、扩大分部分项工程或扩大结构部门的劳动、材料和机械台班的消耗量标准。扩大单位估价表是确定单位工程中各扩大分部分项工程或完整的结构所需全部材料费、人工费、施工机械使用费之和的文件。

采用扩大单价法编制工程概算比较准确，但计算比较烦琐，只有具备一定的设计基本知识，熟悉概算定额，才能弄清分部分项的扩大综合内容，才能正确地计算扩大分部分项的工程量。同时在套用扩大单位估价时，如果所在地区的工资标准及材料预算价格与概算定额不一致，则需要重新编制扩大单位估价或测定系数加以调整。

（2）概算指标法。当初步设计深度不够，不能准确地计算工程量，但工程采用的技术比较成熟而又有类似概算指标可以利用时，可采用概算指标法来编制概算。

概算指标是指按一定计量单位规定的，比概算定额更综合扩大的分部分项工程或单位工程等的劳动、材料和机械台班的消耗量标准和造价指标。

（3）类似工程预算法。当工程设计对象与已建成或在建工程类似，结构特征基本相同，或者概算定额和概算指标不全，就可以采用这种方法编制单位工程概算。

类似工程预算法就是以原有的相似工程的预算为基础，按编制概算指标的方法，求出单位工程的概算指标，再按概算指标法编制建筑工程概算。利用类似预算，应考虑以下条件：

1）设计对象与类似预算的设计在结构上的差异。

2）设计对象与类似预算的设计在建筑上的差异。

3）地区工资的差异。

4）材料预算价格的差异。

5）施工机械使用费的差异。

6）间接费用的差异。

其中1）、2）两项差异可参考修正概算指标的方法加以修正，3）～6）项则需编制修正系数。计算修正系数时，先求类似预算的人工工资、材料费、机械使用费、间接费在全部价值中所占比重，然后分别求其修正系数，最后求出总的修正系数。用总修正系数乘以类似预算的价值，就可以得出概算价值。

（三）单项工程综合概算编制

综合概算是以单项工程为编制对象，确定建成后可独立发挥作用的建筑物或构筑物所需全部建设费用的文件，由该单项工程内各单位工程概算书汇总而成。综合概算书是工程项目总概算书的组成部分，是编制总概算书的基础文件，一般由编制说明和综合概算表两个部分组成。

（四）总概算的编制

总概算是确定整个建设项目从筹建到建成全部建设费用的文件。它由组成建设项目的各个单项工程综合概算及工程建设其他费用和预备费、固定资产投资方向调节税等汇总编制而成。

总概算的编制方法如下：

（1）按总概算组成的顺序和各项费用的性质，将各个单项工程综合概算及其他工程和费用概算汇总列入总概算表。

（2）将工程项目和费用名称及各项数值填入相应各栏内，然后按各栏分别汇总。

（3）以汇总后总额为基础，按取费标准计算预备费用、建设期利息、固定资产投资方向调节税、铺底流动资金。

（4）计算回收金额。回收金额是指在整个基本建设过程中所获得的各种收入。回收金额的计算方法应按地区主管部门的规定执行。

（5）计算总概算价值。

总概算价值＝第（1）部分费用＋第（2）部分费用＋预备费＋建设期利息＋固定资产投资方向调节税＋铺底流动资金－回收金额

（6）计算技术经济指标。整个项目的技术经济指标应选择有代表性和能说明投资效果的指标填列。

（7）投资分析。为对基本建设投资分配、构成等情况进行分析，应在总概算表中计算出各项工程和费用投资占总投资的比例，在表的末栏计算出每项费用的投资占总投资的比例。

三、设计概算的审查

（一）设计概算审查的内容

（1）审查设计概算的编制依据，包括国家综合部门的文件，国务院主管部门和各省、市、自治区根据国家规定或授权制定的各种规定及办法，建设项目的设计文件等为重点审查对象。

1）审查编制依据的合法性。采用的各种编制依据必须经过国家或授权机关的批准，符合国家的编制规定，未经批准的不能采用。也不能强调情况特殊，擅自提高概算定额、指标或费用标准。

2）审查编制依据的时效性。各种依据，如定额、指标、价格、取费标准等，都应根据国家有关部门的现行规定进行，注意有无调整和新的规定。有的虽然颁发时间较长，但不能全部适用，有的应按有关部门的调整系数执行。

3）审查编制依据的适用范围。各种编制依据都有规定的适用范围，如各主管部门规定的各种专业定额及其取费标准，只适用于该部门的专业工程；各地区规定的各种定额及其取费标准，只适用于该地区的范围以内。特别是地区内的材料预算价格的区域性更强，如某市有该市区的材料预算价格，又编制了郊区内一个矿区的材料预算价格，那么在该市的矿区建设中，其概算采用的材料预算价格，则应采用矿区的价格，而不能采用该市的价格。

（2）审查概算编制深度。

1）审查编制说明。审查编制说明可以检查概算的编制方法、深度和编制依据等重大原则问题。

2）审查概算编制深度。一般大中型项目的设计概算应有完整的编制说明和"三级概算"（总概算表、单项工程综合概算表、单位工程概算表），并按有关规定的深度进行编制。审查是否有符合规定的"三级概算"，各级概算的编制、校对、审核是否按规定签署。

3）审查概算的编制范围。审查概算编制范围及具体内容是否与主管部门批准的建设项目范围及具体工程内容一致；审查分期建设项目的建筑范围及具体工程内容有无重复交叉，是否重复计算或漏算；审查其他费用所列的项目是否都符合规定，静态投资、动态投资和经营性项目铺底流动资金是否分部列出等。

（3）审查建设规模、标准。审查概算的投资规模、生产能力、设计标准、建设用地、建筑面积、主要设备、配套工程、设计定员等是否符合原批准可行性研究报告或立项批文的标准。如概算总投资超过原批准投资估算10%以上，应进一步审查超估算的原因。

（4）审查设备规格、数量和配置。工业建设项目设备投资比重大，一般占总投资的30%～50%，要认真审查。审查所选用的设备规格、台数是否与生产规模一致，材质、自动化程度有无提高标准，引进设备是否配套、合理，备用设备台数是否适当，消防、环保设备是否计算等等。还要重点审查价格是否合理、是否符合有关规定，如国产设备应按当时询价资料或有关部门发布的出厂价、信息价，引进设备应依据询价或合同价编制概算。

（5）审查工程费。建筑安装工程投资是随工程量增加而增加的，要认真审查。要根据初步设计图纸、概算定额及工程量计算规则、专业设备材料表、建（构）筑物和总图运输一览表进行审查，有无多算、重算、漏算。

（6）审查计价指标。审查建筑工程采用工程所在地区的计价定额、费用定额、价格指数和有关人工、材料、机械台班单价是否符合现行规定；审查安装工程所采用的专业部门或地区定额是否符合工程所在地区的市场价格水平，概算指标调整系数、主材价格、人工、机械台班和辅材调整系数是否按当地最新规定执行；审查引进设备安装费率或计取标准、部分行业专业设备安装费率是否按有关规定计算等。

（7）审查其他费用。工程建设其他费用投资占项目总投资的25%以上，必须认真逐项审查。审查费用项目是否按国家统一规定计列，具体费率或计取标准、部分行业专业设备安装费率是否按有关规定计算等。

（二）设计概算审查的方法

（1）全面审查法。全面审查法是指按照全部施工图的要求，结合有关预算定额分项工程中的工程细目，逐一、全部地进行审核的方法。其具体计算方法和审核过程与编制预算的计算方法和编制过程基本相同。

全面审查法的优点是全面、细致，所审核过的工程预算质量高，差错比较少；缺点是工作量太大。全面审查法一般适用于一些工程量较小、工艺比较简单、编制工程预算力量较薄弱的设计单位所承包的工程。

（2）重点审查法。抓住工程预算中的重点进行审查的方法，称重点审查法。

一般情况下，重点审查法的内容如下：

1）选择工程量大或造价较高的项目进行重点审查。

2）对补充单价进行重点审查。

3）对计取的各项费用的费用标准和计算方法进行重点审查。

重点审查工程预算的方法应灵活掌握。例如，在重点审查中，如发现问题较多，应扩大审查范围；反之，如没有发现问题，或者发现的差错很小，应考虑适当缩小审查范围。

（3）经验审查法。经验审查法是指监理工程师根据以前的实践经验，审查容易发生差错的那部分工程细目的方法。

（4）分解对比审查法。把一个单位工程按直接费与间接费进行分解，然后再把直接费按工种工程和分部工程进行分解，分别与审定的标准图预算进行对比分析的方法，称为分解对比审查法。

这种方法是把拟审的预算造价与同类型的定型标准施工图或复用施工图的工程预算造价相比较。如果出入不大，就可以认为本工程预算问题不大，不再审查；如果出入较大，比如超过或少于已审定的标准设计施工图预算造价的1%或3%以上（根据本地区要求），再按分部分项工程进行分解，边分解边对比，哪里出入较大，就进一步审查哪一部分工程项目的预算价格。

（三）设计概算审查的步骤

设计概算审查是一项复杂而细致的技术经济工作，审查人员既应懂得有关专业技术知识，又应具有熟练编制概算的能力，一般情况下可按如下步骤进行：

（1）概算审查的准备。概算审查的准备工作包括了解设计概算的内容组成、编制依据和方法；了解建设规模、设计能力和工艺流程；熟悉设计图纸和说明书、掌握概算费用的构成和有关技术经济指标；明确概算各种表格的内涵；收集概算定额、概算指标、取费标准等有关规定的文件资料等。

（2）进行概算审查。根据审查的主要内容，分别对设计概算的编制依据、单位工程设计概算、综合概算、总概算进行逐级审查。

（3）进行技术经济对比分析。利用规定的概算定额或指标以及有关技术经济指标与设计概算进行分析对比，根据设计和概算列明的工程性质、结构类型、建设条件、费用构成、投资比例、占地面积、生产规模、设备数量、造价指标、劳动定员等与国内外同类型工程规模进行对比分析，从大的方面找出与同类型工程的距离，为审查提供线索。

（4）研究、定案、调整概算。对概算审查中出现的问题要在对比分析、找出差距的基础上深入现场进行实际调查研究。了解设计是否经济合理、概算编制依据是否符合现行规定和施工现场实际、有无扩大规模、多估投资或预留缺口等情况，并及时核实概算投资。对于当地没有同类型的项目而不能进行对比分析时，可向国内同类型企业进行调查、收集资料，作为审查的参考。经过会审决定的定案问题应及时调整概算，并经原批准单位下发文件。

第三节　建筑工程概算定额

一、概算定额的概念

概算定额是指生产一定计量单位的经扩大的建筑工程所需要的人工、材料和机械台班的消耗数量及费用的标准。概算定额是在预算定额的基础上，根据有代表性的工程通用图和标准图等资料，进行综合、扩大和合并而成。

概算定额与预算定额的相同处，都是以建（构）筑物各个结构部分和分部分项工程为单位表示的，内容包括人工、材料和机械台班使用量定额三个基本部分，并列有基准价。概算定额表达的主要内容、表达的主要方式及基本使用方法都与综合预算定额相近。

定额基准价＝定额单位人工费＋定额单位材料费＋定额单位机械费

＝人工概算定额消耗量 × 人工工资单价＋∑（材料概算定额消耗量 × 材料预算价格）＋∑（施工机械概算定额消耗量 × 机械台班费用单价）

概算定额与预算定额的不同之处在于项目划分和综合扩大程度上的差异。同时，概算定额主要用于设计概算的编制。由于概算定额综合了若干分项工程的预算定额，因此使概算工程量计算和概算表的编制都比编制施工图预算简化了很多。

编制概算定额时，应考虑到能适应规划、设计、施工各阶段的要求。概算定额与预算定额应保持一致水平，即在正常条件下，反映大多数企业的设计、生产及施工管理水平。概算定额的内容和深度是以预算定额为基础的综合与扩大。在合并中不得遗漏或增加细目，以保证定额数据的严密性和正确性。概算定额务必达到简化、准确和适用。

二、概算定额的作用

（1）概算定额是在扩大初步设计阶段编制概算、技术设计阶段编制修正概算的主要依据。

（2）概算定额是编制建筑安装工程主要材料申请计划的基础。

（3）概算定额是进行设计方案技术经济比较和选择的依据。

（4）概算定额是编制概算指标的计算基础。

（5）概算定额是确定基本建设项目投资额、编制基本建设计划、实行基本建设大包干、控制基本建设投资和施工图预算造价的依据。

因此，正确合理地编制概算定额对提高设计概算的质量，加强基本建设经济管理，合理使用建设资金、降低建设成本，充分发挥投资效果等，都具有重要的作用。

三、概算定额的编制

（一）概算定额编制的依据

（1）现行的全国通用的设计标准、规范和施工验收规范。

（2）现行的预算定额。

（3）标准设计和有代表性的设计图纸。

（4）过去颁发的概算定额。

（5）现行的人工工资标准、材料预算价格和施工机械台班单价。

（6）有关施工图预算和结算资料。

（二）概算定额编制的原则

为了提高设计概算质量，加强基本建设、经济管理，合理使用国家建设资金，降低建设成本，充分发挥投资效果，在编制概算定额时必须遵循以下原则[7]：

（1）使概算定额适应设计、计划、统计和拨款的要求，更好地为基本建设服务。

（2）概算定额水平的确定，应与预算定额的水平基本一致。必须是反映正常条件下大多数企业的设计、生产施工管理水平。

（3）概算定额的编制深度，要适应设计深度的要求；项目划分，应坚持简化、准确和适用的原则。以主体结构分项为主，合并其他相关部分，进行适当综合扩大；概算定额项目计量单位的确定，与预算定额要尽量一致；应考虑统筹法及应用电子计算机编制的要求，以简化工程量和概算的计算编制。

（4）为了稳定概算定额水平，统一考核尺度和简化计算工程量。编制概算定额时，原则上必须根据规则计算。对于设计和施工变化多而影响工程量多、价差大的，应根据有关资料进行测算，综合取定常用数值；对于其中还包括不了的个性数值，可适当做一些调整。

（三）概算定额编制的方法

（1）定额计量单位的确定。概算定额计量单位基本上按预算定额的规定执行，但是单位的内容扩大，仍用 m、m^2 和 m^3 等。

（2）确定概算定额与预算定额的幅度差。由于概算定额是在预算定额基础上进行适当的合并与扩大，因此，在工程量取值、工程的标准和施工方法确定上需综合考虑，且定额与实际应用必然会产生一些差异。这种差异国家允许预留一个合理的幅度差，以便依据概算定额编制的设计概算能控制住施工图预算。概算定额与预算定额之间的幅度差，国家规定一般控制在 5% 以内。

（3）定额小数取位。概算定额小数取位与预算定额相同。

四、概算指标

（一）概算指标的概念及作用

概算指标是以一个建筑物或构筑物为对象，按各种不同的结构类型，确定每 100 平方米或 1000 立方米和每座为计量单位的人工、材料和机械台班（机械台班一般不以量列出，用系数计入）的消耗指标（量）或每万元投资额中各种指标的消耗数量。概算指标比概算定额更加综合扩大，因此，它是编制初步设计或扩大初步设计概算的依据。

概算指标的作用如下：

---

7 杜文风，张慧. 空间结构 [M]. 北京：中国电力出版社，2008.

（1）在初步设计阶段，作为编制工程设计概算的依据。这是指在没有条件计算工程量时，只能使用概算指标。

（2）设计单位在方案设计阶段，进行方案设计技术经济分析和估算的依据。

（3）在建设项目的可行性研究阶段，作为编制项目的投资估算的依据。

（4）在建设项目规划阶段，作为估算投资和计算资源需要量的依据。

（二）概算指标编制的原则

（1）按平均水平确定概算指标的原则。在我国社会主义市场经济条件下，概算指标作为确定工程造价的依据，同样必须遵照价值规律的客观要求，在其编制时必须按社会必要劳动时间，贯彻平均水平的编制原则。只有这样才能使概算指标合理确定和控制工程造价的作用得到充分发挥。

（2）概算指标的内容与表现形式要贯彻简明适用的原则。为适应市场经济的客观要求，概算指标的项目划分应根据用途的不同，确定其项目的综合范围。遵循粗而不漏、适应面广的原则，体现综合扩大的性质。概算指标从形式到内容都应该简明易懂，要便于在采用时根据拟建工程的具体情况进行必要的调整换算，能在较大范围内满足不同用途的需要。

（3）概算指标的编制依据必须具有代表性。概算指标所依据的工程设计资料应是有代表性的，技术上是先进的，经济上是合理的。

第四节　建筑工程预算定额

一、建筑工程预算定额的种类

（一）按专业性质分

按专业性质分，建筑工程预算定额可分为通用项目、道路工程、桥涵工程、隧道工程、给水工程、排水工程、燃气与集中供热工程、路灯工程、地铁工程9种定额。

（二）按管理权限和执行范围分

按管理权限和执行范围分，建筑工程预算定额可分为全国统一定额、行业统一定额和地区统一定额。

（三）按物资要素分

按物资要素分，建筑工程预算定额可分为劳动定额、机械定额和材料消耗定额，它们相互依存形成一个整体，不具有独立性。

二、建筑工程预算定额的性质特点

建筑工程预算定额是按社会平均水平原则确定的，它反映社会一定时期的生产力水平和产品质量标准。建筑工程定额是国家为了使全国的市政建设工程有一个统一的造价核算尺度和质量标准衡量尺度，用以比较、考核各地区、各部门市政建设工程经济效果和施工管理水平。国家工程建设主管部门或其授权机关，对完成质量合格的各分项工程的单位产品所消耗的人工、材料和施工机械台班，按社会平均必要耗用量的原则，确定了生产各个分项工程的人工、材料和施工机械台班消耗量的标准，用以确定人工费、材料费和施工机械台班使用费，并以法令形式颁发执行。因此，"全国统一建筑工程预算定额"具有法令性质。

随着我国建设市场的不断成熟与发展，市政预算定额的法令性近年来有所减弱。但由于我国地域辽阔、幅员广大，各地经济文化差异明显，工程造价计价存在着双轨并行的局面，即在大力推行工程量清单计价方式的同时，保留着传统定额计价的方式。另外，工程定额在当前还是工程造价管理工作的重要手段，因此，在学习建筑工程造价确定方法时，除对《建设工程工程量清单计价规范》（GB50500—2008）进行深入学习外，还必须对建筑工程定额和定额计价方法等有关知识有所掌握。

三、施工图预算编制内容

①列出分项工程项目，简称列项。

②计算工程量。

③套用预算定额及定额基价换算。

④工料分析及汇总。

⑤计算直接费。

⑥材料价差调整。

⑦计算间接费。

⑧计算利润。

⑨计算税金。

⑩汇总为工程造价。

四、施工图预算编制程序

（1）现行设计规范、施工及验收规范，质量评定标准和安全操作规程。

（2）现行劳动定额和施工定额。预算定额是在现行劳动定额和施工定额的基础上编制的。预算定额中人工、材料、机械台班消耗水平，需要根据劳动定额或施工定额取定；预算定额的计量单位的选择，也要以施工定额为参考，从而保证两者的协调性和可比性，减轻预算定额的编制工作量，缩短编制时间。

（3）现行的预算定额、材料预算价格、人工工资标准、机械台班单价及有关文件规定等。

（4）推广的新技术、新结构、新材料和先进的施工方法等。

（5）有关科学实验、技术测定和统计、经验资料。

（6）具有代表性的典型工程施工图及有关标准图册。

五、建筑工程预算定额的编制原则

（一）坚持统一性

建筑工程预算定额编制时应遵从全国统一市场规范计价的行为，以及全统定额的规划、实施规章、制度、办法等。

（二）注意差别性

建筑工程预算定额编制时在统一的基础上，还应参照各部门和省、自治区、直辖市主管部门在自辖范围内，根据本部门和本地区的具体情况制定部门和地区性定额、补充性制度和管理办法，以适应我国幅员辽阔、地区间发展不平衡和差异大的客观情况[8]。

（三）按社会平均水平确定的理念

预算定额必须遵照价值规律的客观要求，按生产过程中所消耗的社会必要劳动时间确定定额水平，即按照"在现有的社会正常的生产条件下，在社会平均的劳动熟练程度和劳动强度下制造某种使用价值所需要的劳动时间"来确定定额水平。

预算定额的水平以大多数施工单位的施工定额水平为基础，但预算定额绝不是简单地套用施工定额的水平，在比施工定额的工作内容综合扩大的预算定额中，也包含了更多的可变因素，需要保留合理的幅度差。因此，在编制预算定额时应控制在一定范围之内。

（四）简明适用性

在编制预算定额时，对于那些主要的、常用的、价值量大的项目分项工程划分宜细；次要的、不常用的、价值量相对较小的项目可以粗一些，以达到项目少、内容全、简明适用的目的。

另外，在工程量计算时，应尽可能避免同一种材料用不同的计量单位和一量多用，

8　李慧丽. 市政与环境工程系列丛书给排水科学与工程专业习题集 [M]. 哈尔滨：哈尔滨工业大学出版社，2018.

尽量减少定额附注和换算系数。

第五节　建筑工程施工定额

一、建筑工程施工定额的概念

建筑工程施工定额（也称技术定额）是直接用于建筑工程施工管理中的一种定额，是施工企业管理工作的基础。它是以同一性质的施工过程为测定对象，在正常施工条件下完成单位合格产品所需消耗的人工、材料和机械台班的数量标准。它由劳动定额、材料消耗定额、机械台班定额三部分组成。

施工定额是以工序定额为基础，由工序定额结合而成的，可直接用于施工之中[9]。

二、建筑工程施工定额的基本形式

（一）劳动定额

劳动定额反映建筑产品生产中活劳动消耗量的标准数额，是指在正常的生产（施工）组织和生产（施工）技术条件下，为完成单位合格产品或一定量的工作所预先规定的必要劳动消耗量的标准数额。

劳动定额按其表示方法又分为"时间定额"和"产量定额"两种。

时间定额与产量定额互成倒数，即

$$时间定额 = \frac{1}{产量定额} \quad 或 \quad 产量定额 = \frac{1}{时间定额}$$

（二）材料消耗定额

材料消耗定额指在生产（施工）组织和生产（施工）技术条件正常、材料供应符合技术要求、合理使用材料的条件下，完成单位合格产品，所需一定品种规格的建筑材料、配件消耗量的标准数额。

材料消耗定额中包括消耗材料和损失材料。前者又包括直接用于建筑产品的材料、不可避免的生产（施工）废料和材料损耗。

（三）机械台班使用定额

机械台班使用定额指施工机械在正常生产（施工）条件下，合理地组织劳动和使用机械，完成单位合格产品或某项工作所必需的工作时间。其中也包括准备与结束时

9　曹艳阳.建筑工程计量与计价 [M].北京：北京理工大学出版社，2018.

间、基本生产时间、辅助生产时间以及不可避免的中断时间与工人必需的休息时间。

机械台班定额分为"机械时间定额""机械台班产量定额"两种形式。

第七章　建筑工程量清单计价

第一节　工程量清单计价概述

"工程量清单"是建设工程实行清单计价的专用名词，它表示的是实行工程量清单计价的建设工程的分部分项工程项目、措施项目、其他项目、规费项目和税金项目的名称和相应数量。采用工程量清单计价，建设工程造价由分部分项工程费、措施项目费、其他项目费、规费和税金组成。

一、工程量清单

工程量清单指建筑工程的分部分项工程项目、措施项目、其他项目、规费项目和税金项目的名称和相应数量等的明细清单。其中分部分项工程量清单表明了建筑工程的全部实体工程的名称和相应的工程数量。措施项目清单表明了为完成工程项目施工，发生于该工程准备和施工过程中的技术、生活、安全、环境保护等方面的非工程实体项目的相关费用。

二、工程量清单计价

工程量清单计价方法，是在建设工程招投标中，招标人或委托具有资质的中介机构编制反映工程实体消耗和措施性消耗的工程量清单，并作为招标文件的一部分提供给投标人，由投标人依据工程量清单自主报价的计价方式。在工程招投标中采用工程量清单计价是国际上较为通行的做法[10]。

工程量清单计价办法的主旨就是在全国范围内，统一项目编码、统一项目名称、统一计量单位、统一工程量计算规则。在这四个统一的前提下，由国家主管职能部门统一编制《建设工程工程量清单计价规范》，作为强制性标准，在全国统一实施。

10　王云江.建筑工程概论[M].北京：中国建筑工业出版社，2007.

三、工程量清单的作用

工程量清单是工程量清单计价的基础，是作为编制招标控制价、投标报价、计算工程量、支付工程款、调整合同价款、办理竣工结算以及工程索赔等的依据之一。

四、工程量清单计价的特点

（一）统一计价规则

通过制定统一的建设工程工程量清单计价方法、统一的工程量计量规则、统一的工程量清单项目设置规则，达到规范计价行为的目的。这些规则和办法是强制性的，建设各方面都应该遵守，这是工程造价管理部门首次在文件中明确政府应管什么、不应管什么。

（二）有效控制消耗量

通过由政府发布统一的社会平均消耗量指导标准，为企业提供一个社会平均尺度，避免企业盲目或随意大幅度减少或扩大消耗量，从而达到保证工程质量的目的。

（三）彻底放开价格

将工程消耗量定额中的工、料、机价格和利润及管理费全面放开，由市场的供求关系自行确定价格。

（四）企业自主报价

投标企业根据自身的技术专长、材料采购渠道和管理水平等，制定企业自己的报价定额，自主报价。企业尚无报价定额的，可参考使用造价管理部门颁布的《建设工程消耗量定额》。

（五）市场有序竞争形成价格

通过建立与国际惯例接轨的工程量清单计价模式，引入充分竞争形成价格的机制，制定衡量投标报价合理性的基础标准。在投标过程中，有效引入竞争机制，淡化标底的作用，在保证质量、工期的前提下，按国家《招标投标法》及有关条款规定，最终以"不低于成本"的合理低价者中标。

第二节 工程量清单的编制

工程量清单是表现拟建工程的分部分项工程项目、措施项目、其他项目、规费项目和税金项目的名称和相应数量的明细清单。工程量清单包括分部分项工程量清单、措施项目清单、其他项目清单、规费项目清单和税金项目清单。

（1）工程量清单应由招标人负责编制，若招标人不具有编制工程量清单的能力，则可根据《工程造价咨询企业管理办法》（原建设部第149号令）的规定，委托具有工程造价咨询性质的工程造价咨询人编制。

（2）采用工程量清单方式招标，工程量清单必须作为招标文件的组成部分，其准确性和完整性由招标人负责。

（3）工程量清单是工程量清单计价的基础，是作为编制招标控制价、投标报价、计算工程量、支付工程款、调整合同价款、办理竣工结算及工程索赔等的依据之一。

一、工程量清单编制的依据

工程量清单应依据以下资料进行编制：

（1）《建设工程工程量清单计价规范》（GB50500—2008）；

（2）国家或省级、行业建设主管部门颁发的计价依据和办法；

（3）建设工程设计文件；

（4）与建设工程项目有关的标准、规范、技术资料；

（5）招标文件及其补充通知、答疑纪要；

（6）施工现场情况、工程特点及常规施工方案；

（7）其他相关资料。

二、分部分项工程量清单

（1）分部分项工程量清单应包括项目编码、项目名称、项目特征、计量单位和工程量。这是构成分部分项工程量清单的五个要件，在分部分项工程量清单的组成中缺一不可。

（2）分部分项工程量清单应根据《建设工程工程量清单计价规范》（GB50500—2008）中附录规定的项目编码、项目名称、项目特征、计量单位和工程量计算规则进行编制。

（3）分部分项工程量清单的项目编码应采用12位阿拉伯数字表示。其中一、二位为工程分类顺序码，建筑工程为 01，装饰装修工程为 02，安装工程为 03，建筑工程为 04，园林绿化工程为 05，矿山工程为 06；三、四位为专业工程顺序码；五、六位为分部工程顺序码；七、八、九位为分项工程项目名称顺序码；十至十二位为清单项目名称顺序码，应根据拟建工程的工程量清单项目名称设置，同一招标工程的项目编码不得有重码。

在编制工程量清单时应注意项目编码的设置不得有重码，特别是当同一标段（或合同段）的一份工程量清单中含有多个单项或单位工程且工程量清单是以单项或单位工程为编制对象时，应注意项目编码中的十至十二位的设置不得重码。例如，一个标段（或合同段）的工程量清单中含有三个单项或单位工程，每一单项或单位工程中都有项目特征相同的钢筋混凝土方桩，在工程量清单中又需反映三个不同单项或单位工程的钢筋混凝土方桩工程量时，工程量清单应以单项或单位工程为编制对象，第一个单项或单位工程的钢筋混凝土方桩的项目编码为 040301003001，第二个单项或单位工程的钢筋混凝土方桩的项目编码为 040301003002，第三个单项或单位工程的钢筋混凝土方桩的项目编码为 040301003003，并分别列出各单项或单位工程钢筋混凝土方桩的工程量。

（4）分部分项工程量清单的项目名称应按《建设工程工程量清单计价规范》（GB50500—2008）附录的项目名称结合拟建工程的实际确定。

（5）分部分项工程量清单中所列工程量应按《建设工程工程量清单计价规范》（GB50500—2008)附录中规定的工程量计算规则计算[11]。工程量的有效位数应遵守下列规定：

1）以"t"为单位，应保留三位小数，第四位小数四舍五入；

2）以"m³""m²""m""kg"为单位，应保留两位小数，第三位小数四舍五入；

3）以"个""项"等为单位，应取整数。

（6）分部分项工程量清单的计量单位应按《建设工程工程量清单计价规范》（GB50500—2008）附录中规定的计量单位确定，当计量单位有两个或两个以上时，应根据拟建工程项目的实际，选择最适宜表现该项目特征并方便计量的单位。

（7）分部分项工程量清单项目特征应按《建设工程工程量清单计价规范》（GB50500—2008）附录中规定的项目特征，结合拟建工程项目的实际予以描述。工程量清单的项目特征是确定一个清单项目综合单价不可缺少的主要依据。

对工程量清单项目的特征描述具有十分重要的意义，主要体现在以下几个方面：

1）项目特征是区分清单项目的依据。工程量清单项目特征是用来表述分部分项清单项目的实质内容，用于区分计价规范中同一清单条目下各个具体的清单项目。没有项目特征的准确描述，对于相同或相似的清单项目名称就无从区分。

11　陈伯兴 . 建筑工程造价计算指南 [M]. 北京：中国建筑工业出版社，2018.

2）项目特征是确定综合单价的前提。由于工程量清单项目的特征决定了工程实体的实质内容，必然直接决定了工程实体的自身价值。因此，工程量清单项目特征描述得准确与否，直接关系到工程量清单项目综合单价的准确确定。

3）项目特征是履行合同义务的基础。实行工程量清单计价，工程量清单及其综合单价是施工合同的组成部分，因此，如果工程量清单项目特征的描述不清甚至漏项、错误，会引起在施工过程中的更改，引起分歧，导致纠纷。

正因为此，在编制工程量清单时，必须对项目特征进行准确且全面的描述，准确地描述工程量清单的项目特征对于准确地确定工程量清单项目的综合单价具有决定性的作用。

在按《建设工程工程量清单计价规范》（GB50500—2008）的附录对工程量清单项目的特征进行描述时，应注意"项目特征"与"工程内容"的区别。"项目特征"是工程项目的实质，决定着工程量清单项目的价值大小，而"工程内容"主要讲的是操作程序，是承包人完成能通过验收的工程项目所必须要操作的工序。在《建设工程工程量清单计价规范》中，工程量清单项目与工程量计算规则、工程内容具有一一对应的关系，当采用清单计价规范进行计价时，工作内容既有规定，无须再对其进行描述。而"项目特征"栏中的任何一项都影响着清单项目的综合单价的确定，招标人应高度重视分部分项工程量清单项目特征的描述，任何不描述或描述不清，都会在施工合同履约过程中产生分歧，导致纠纷、索赔。例如，边墙砌筑按照清单计价规范中编码为040402008项目中"项目特征"栏的规定，发包人在对工程量清单项目进行描述时，就必须要对边墙砌筑的厚度、材料品种、规格、砂浆强度等级进行详细的描述，因为这其中任何一项的不同都将直接影响到边墙砌筑的综合单价。而在该项"工程内容"栏中阐述了边墙砌筑应包括砌筑、勾缝、抹灰等施工工序，这些工序即便发包人不提，承包人为完成合格边墙砌筑工程也必然要经过，因而发包人在对工程量清单项目进行描述时就没有必要对边墙砌筑的施工工序对承包人提出规定。

但有些项目特征往往又难以用文字准确和全面地描述清楚。因此，为达到规范、简捷、准确、全面地描述项目特征的要求，在描述工程量清单项目特征时应按以下原则进行：

1）项目特征描述的内容应按《建设工程工程量清单计价规范》（GB50500—2008）附录中的规定，结合拟建工程的实际，满足确定综合单价的需要。

2）若采用标准图集或施工图纸能够全部或部分满足项目特征描述的要求，项目特征描述可直接采用详见××图集或××图号的方式。对不能满足项目特征描述要求的部分，仍应用文字描述。

（8）编制工程量清单出现《建设工程工程量清单计价规范》（GB50500—2008）附录中未包括的项目，编制人应做补充，并报省级或行业工程造价管理机构备案，省级或行业工程造价管理机构应汇总报住房和城乡建设部标准定额研究所。补充项目的编码由附录的顺序码与 B 和三位阿拉伯数字组成，并应从 ×B001 起顺序编制，同一招标工程的项目不得重码。工程量清单中需附有补充项目的名称、项目特征、计量单位、工程量计算规则、工程内容。

三、措施项目清单

（1）措施项目清单应根据拟建工程的实际情况列项。通用措施项目可按表 3-1 选择列项，专业工程的措施项目可按《建设工程工程量清单计价规范》（GB50500—2008）附录中规定的项目选择列项。若出现《建设工程工程量清单计价规范》（GB50500—2008）未列的项目，可根据工程实际情况补充。

表 3-1　通用措施项目一览表

序号	项目名称
1	安全文明施工（含环境保护、文明施工、安全施工、临时设施）
2	夜间施工
3	二次搬运
4	冬雨季施工
5	大型机械设备进出场及安拆
6	施工排水
7	施工降水
8	地上、地下设施，建筑物的临时保护设施
9	已完工程及设备保护

（2）措施项目中可以计算工程量的项目清单宜采用分部分项工程量清单的方式编制，列出项目编码、项目名称、项目特征、计量单位和工程量计算规则；不能计算工程量的项目清单，以"项"为计量单位。

（3）《建设工程工程量清单计价规范》（GB50500—2008）将实体性项目划分为分部分项工程量清单、非实体性项目划分为措施项目。一般来说，非实体性项目费用的发生和金额的大小与使用时间、施工方法或者两个以上工序相关，与实际完成的实体工程量的多少关系不大，典型的是大中型施工机械、文明施工和安全防护、临时设施等。但有的非实体性项目，则是可以计算工程量的项目，典型的是混凝土浇筑的模板工程，用分部分项工程量清单的方式采用综合单价，有利于措施费的确定和调整，更有利于合同管理。

四、其他项目清单

（1）其他项目清单宜按照下列内容列项：

1）暂列金额。暂列金额是招标人在工程量清单中暂定并包括在合同价款中的一笔款项。暂列金额在"03规范"《建设工程工程量清单计价规范》（GB50500—2003）中称为"预留金"，但由于"03规范"中对"预留金"的定义不是很明确，发包人也不能正确认识到"预留金"的作用，因而发包人往往回避"预留金"项目的设置。新版《建设工程工程量清单计价规范》（GB50500—2008）明确规定暂列金额用于施工合同签订时尚未确定或者不可预见的所需材料、设备、服务的采购、施工中可能发生的工程变更、合同约定调整因素出现时的工程价款调整以及发生的索赔、现场签证确认等的费用。

不管采用何种合同形式，工程造价理想的标准是，一份合同的价格就是其最终的竣工结算价格，或者至少两者应尽可能接近。我国规定对政府投资工程实行概算管理，经项目审批部门批复的设计概算是工程投资控制的刚性指标，即使商业性开发项目也有成本的预先控制问题，否则，无法相对准确地预测投资的收益和科学合理地进行投资控制。但工程建设自身的特性决定了工程的设计需要根据工程进展不断地进行优化和调整，业主需求可能会随工程建设进展出现变化，工程建设过程还会存在一些不能预见、不能确定的因素。消化这些因素必然会影响合同价格的调整，暂列金额正是为这类不可避免的价格调整而设立，以便达到合理确定和有效控制工程造价的目标。

另外，暂列金额列入合同价格不等于属于承包人所有，即使是总价包干合同，也不等于列入合同价格的所有金额就属于承包人，是否属于承包人应得金额取决于具体的合同约定，只有按照合同约定程序实际发生后，才能成为承包人的应得金额，纳入合同结算价款中。扣除实际发生金额后的暂列金额余额仍属于发包人所有。设立暂列金额并不能保证合同结算价格就不会再出现超过合同价格的情况，是否超出合同价格完全取决于工程量清单编制人暂列金额预测的准确性，以及工程建设过程是否出现了其他事先未预测到的事件。

2）暂估价。暂估价是指招标阶段直至签订合同协议时，招标人在招标文件中提供的用于支付必然发生但暂时不能确定价格的材料以及专业工程的金额。暂估价包括材料暂估单价和专业工程暂估价。暂估价类似于FIDIC合同条款中的Prime cost Items，在招标阶段预见肯定要发生，只是因为标准不明确或者需要出专业承包人完成，暂时无法确定价格。暂估价数量和拟用项目应当结合工程量清单中的"暂估价表"予以补充说明。

为方便合同管理，需要纳入分部分项工程量清单项目综合单价中的暂估价应只是材料费，以方便投标人估价。

专业工程的暂估价一般应是综合暂估价，应当包括除规费和税金以外的管理费、利润等取费。总承包招标时，专业工程设计深度往往是不够的，一般需要交由专业设计人员设计，国际上，出于提高可建造性考虑，一般由专业承包人负责设计，以发挥其专业技能和专业施工经验的优势。这类专业工程交由专业分包人完成是国际工程的良好实践，目前在我国工程建设领域也已经比较普遍。公开透明地合理确定这类暂估价的实际开支金额的最佳途径，就是通过施工总承包人与工程建设项目招标人共同组织的招标。

3）计日工。计日工在"03规范"中称为"零星项目工作费"。计日工是为解决现场发生的零星工作的计价而设立的，其为额外工作和变更的计价提供了一个方便快捷的途径。计日工适用的所谓零星工作一般是指合同约定之外的或者因变更而产生的、工程量清单中没有相应项目的额外工作，尤其是那些时间不允许事先商定价格的额外工作。计日工以完成零星工作所消耗的人工工时、材料数量、机械台班进行计量，并按照计日工表中填报的适用项目的单价进行计价支付。

国际上常见的标准合同条款中，大多数都设立了计日工（Day work）计价机制。但在我国以往的工程量清单计价实践中，由于计日工项目的单价水平一般要高于工程量清单项目的单价水平，因而经常被忽略。从理论上讲，由于计日工往往是用于一些突发性的额外工作，缺少计划性，承包人在调动施工生产资源方面难免不影响已经计划好的工作，生产资源的使用效率也有一定的降低，客观上造成超出常规的额外投入。另外，其他项目清单中计日工往往是一个暂定的数量，其无法纳入有效的竞争。所以合理的计日工单价水平一定是要高于工程量清单的价格水平的。为获得合理的计日工单价，发包人在其他项目清单中对计日工一定要给出暂定数量，并需要根据经验尽可能估算一个较接近实际的数量。

4）总承包服务费。总承包服务费是为了解决招标人在法律、法规允许的条件下进行专业工程发包，以及自行供应材料、设备，并需要总承包人对发包的专业工程提供协调和配合服务，对供应的材料、设备提供收、发和保管服务以及进行施工现场管理时发生，并向总承包人支付的费用。招标人应预计该项费用并按投标人的投标报价向投标人支付该项费用。

（2）当工程实际中出现上述第（1）条中未列出的其他项目清单项目时，可根据工程实际情况进行补充，如工程竣工结算时出现的索赔和现场签证等。

五、规费项目清单

规费是根据省级政府或省级有关权力部门规定必须缴纳的，应计入建筑安装工程造价的费用。根据原建设部、财政部"关于印发《建筑安装工程费用项目组成》的通知"

（建标〔2003〕206号）的规定，规费包括工程排污费、工程定额测定费、社会保障费（养老保险、失业保险、医疗保险）、住房公积金、危险作业意外伤害保险。清单编制人对《建筑安装工程费用项目组成》未包括的规费项目，在编制规费项目清单时应根据省级政府或省级有关权力部门的规定列项。

规费项目清单中应按下列内容列项：

（1）工程排污费；

（2）工程定额测定费；

（3）社会保障费，包括养老保险费、失业保险费、医疗保险费；

（4）住房公积金；

（5）危险作业意外伤害保险。

六、税金项目清单

根据原建设部、财政部《关于印发<建筑安装工程费用项目组成>的通知》（建标<2003>206号）的规定，目前我国税法规定应计入建筑安装工程造价的税种包括营业税、城市建设维护税及教育费附加。如国家税法发生变化，税务部门依据职权增加了税种，应对税金项目清单进行补充。

税金项目清单应按下列内容列项：

（1）营业税；

（2）城市维护建设税；

（3）教育费附加。

第三节　工程量清单计价

一、招标控制价

招标控制价是招标人根据国家或省级、行业建设主管部门颁发的有关计价依据和办法，是按设计施工图纸计算的，对招标工程限定的最高工程造价。国有资金投资的工程建设项目应实行工程量清单招标，并应编制招标控制价。

（一）招标控制价的作用

（1）我国对国有资金投资项目的投资控制实行的是投资概算审批制度，国有资金投资的工程原则上不能超过批准的投资概算。因此，在工程招标发包时，当编制的招标控制价超过批准的概算，招标人应当将其报原概算审批部门重新审核 [12]。

（2）国有资金投资的工程进行招标，根据《中华人民共和国招标投标法》的规定，招标人可以设标底。当招标人不设标底时，为有利于客观、合理地评审投标报价和避免哄抬标价，造成国有资产流失，招标人应编制招标控制价。

（3）国有资金投资的工程，招标人编制并公布的招标控制价相当于招标人的采购预算，同时要求其不能超过批准的概算，因此，招标控制价是招标人在工程招标时能接受投标人报价的最高限价。国有资金中的财政性资金投资的工程在招标时还应符合《中华人民共和国政府采购法》相关条款的规定。如该法第三十六条规定："在招标采购中，出现下列情形之一的，应予废标……（三）投标人的报价均超过了采购预算，采购人不能支付的。"所以国有资金投资的工程，投标人的投标报价不能高于招标控制价，否则其投标将被拒绝。

（二）招标控制价的编制人员

招标控制价应由具有编制能力的招标人编制，当招标人不具有编制招标控制价的能力时，可委托具有相应资质的工程造价咨询人编制。工程造价咨询人不得同时接受招标人和投标人对同一工程的招标控制价和投标报价进行编制。

所谓具有相应工程造价咨询资质的工程造价咨询人是指根据《工程造价咨询企业管理办法》（原建设部令第 149 号）的规定，依法取得工程造价咨询企业资质，并在其资质许可的范围内接受招标人的委托，编制招标控制价的工程造价咨询企业。即取得甲级工程造价咨询资质的咨询人可承担各类建设项目的招标控制价编制；取得乙级（包括乙级暂定）工程造价咨询资质的咨询人，则只能承担 5000 万元以下的招标控制价的编制。

（三）招标控制价编制的依据

招标控制价的编制应依据下列资料进行：

（1）《建设工程工程量清单计价规范》（GB50500—2008）；

（2）国家或省级、行业建设主管部门颁发的计价定额和计价办法；

（3）建设工程设计文件及相关资料；

（4）招标文件中的工程量清单及有关要求；

（5）与建设项目相关的标准、规范、技术资料；

（6）工程造价管理机构发布的工程造价信息，以及工程造价信息没有发布的参照市场价；

（7）其他的相关资料。

按上述依据进行招标控制价编制，应注意以下事项：

12　王伟胜.建筑工程质量常见问题防治手册 [M].北京：中国建筑工业出版社，2018.

（1）使用的计价标准、计价政策应是国家或省级、行业建设主管部门颁布的计价定额和相关政策规定；

（2）采用的材料价格应是工程造价管理机构通过工程造价信息发布的材料单价，工程造价信息未发布单价的材料，其材料价格应通过市场调查确定；

（3）国家或省级、行业建设主管部门对工程造价计价中费用或费用标准有规定的，应按规定执行。

（四）招标控制价的编制

（1）分部分项工程费应根据招标文件中的分部分项工程量清单项目的特征描述及有关要求，按规定确定综合单价进行计算。综合单价中应包括招标文件中要求投标人承担的风险费用。招标文件提供了暂估单价的材料，按暂估的单价计入综合单价。

（2）措施项目费应按招标文件中提供的措施项目清单确定，措施项目采用分部分项工程综合单价形式进行计价的工程量，应按措施项目清单中的工程量，并按规定确定综合单价；以"项"为单位的方式计价的，按规定确定除规费、税金以外的全部费用。措施项目费中的安全文明施工费应当按照国家或省级、行业建设主管部门的规定标准计价。

（3）其他项目费应按下列规定计价：

1）暂列金额。暂列金额由招标人根据工程特点，按有关计价规定进行估算确定。为保证工程施工建设的顺利实施，在编制招标控制价时应对施工过程中可能出现的各种不确定因素对工程造价的影响进行估算，列出一笔暂列金额。暂列金额可根据工程的复杂程度、设计深度、工程环境条件（包括地质、水文、气候条件等）进行估算，一般可按分部分项工程费的 10% ~ 15% 作为参考。

2）暂估价。暂估价包括材料暂估价和专业工程暂估价。暂估价中的材料单价应按照工程造价管理机构发布的工程造价信息或参考市场价格确定；暂估价中的专业工程暂估价应分不同专业，按有关计价规定估算。

3）计日工。计日工包括计日工人工、材料和施工机械。在编制招标控制价时，对计日工中的人工单价和施工机械台班单价应按省级、行业建设主管部门或其授权的工程造价管理机构公布的单价计算；材料应按工程造价管理机构发布的工程造价信息中的材料单价计算，工程造价信息未发布材料单价的材料，其价格应按市场调查确定的单价计算。

4）总承包服务费。招标人应根据招标文件中列出的内容和向总承包人提出的要求，参照下列标准计算：

①招标人仅要求对分包的专业工程进行总承包管理和协调时，按分包的专业工程估算造价的 1.5% 计算；②招标人要求对分包的专业工程进行总承包管理和协调，同时要求提供配合服务时，根据招标文件中列出的配合服务内容和提出的要求，按分包

的专业工程估算造价的 3% ~ 5% 计算；③招标人自行供应材料的，按招标人供应材料价值的 1% 计算。

（4）招标控制价的规费和税金必须按国家或省级、行业建设主管部门的规定计算。

（五）招标控制价编制注意事项

（1）招标控制价的作用决定了招标控制价不同于标底，无须保密。为体现招标的公平、公正，防止招标人有意抬高或压低工程造价，招标人应在招标文件中如实公布招标控制价，不得对所编制的招标控制价进行上浮或下调。招标人在招标文件中公布招标控制价时，应公布招标控制价各组成部分的详细内容，不得只公布招标控制价总价。同时，招标人应将招标控制价报工程所在地的工程造价管理机构备查。

（2）投标人经复核认为招标人公布的招标控制价未按照《建设工程工程量清单计价规范》（GB50500—2008）的规定进行编制的，应在开标前 5 天向招投标监督机构或（和）工程造价管理机构投诉。招投标监督机构应会同工程造价管理机构对投诉进行处理，发现确有错误的，应责成招标人修改。

二、投标价

1. 投标价编制的依据

投标报价应依据下列资料进行编制：

（1）《建设工程工程量清单计价规范》（GB50500—2008）；

（2）国家或省级、行业建设主管部门颁发的计价办法；

（3）企业定额，国家或省级、行业建设主管部门颁发的计价定额；

（4）招标文件、工程量清单及其补充通知、答疑纪要；

（5）建设工程设计文件及相关资料；

（6）施工现场情况、工程特点及拟订的投标施工组织设计或施工方案；

（7）与建设项目相关的标准、规范等技术资料；

（8）市场价格信息或工程造价管理机构发布的工程造价信息；

（9）其他的相关资料。

2. 投标价的编制

（1）分部分项工程费。分部分项工程费包括完成分部分项工程量清单项目所需的人工费、材料费、施工机械使用费、企业管理费、利润，以及一定范围内的风险费用。分部分项工程费应按分部分项工程清单项目的综合单价计算。投标人投标报价时依据招标文件中分部分项工程量清单项目的特征描述确定清单项目的综合单价。在招投标过程中，当出现招标文件中分部分项工程量清单特征描述与设计图纸不符时，投标人应以分部分项工程量清单的项目特征描述为准，确定投标报价的综合单价。当施工中施工图纸或设计变更与工程量清单项目特征描述不一致时，发、承包双方应按实际施工的项目特征，依据合同约定重新确定综合单价。

招标文件中提供了暂估单价的材料，应按暂估的单价计入综合单价；综合单价中应考虑招标文件中要求投标人承担的风险内容及其范围（幅度）产生的风险费用。在施工过程中，当出现的风险内容及其范围（幅度）在合同约定的范围内时，工程价款不做调整。

（2）措施项目费。

1）投标人可根据工程实际情况并结合施工组织设计，对招标人所列的措施项目进行增补。由于各投标人拥有的施工装备、技术水平和采用的施工方法有所差异，而招标人提出的措施项目清单是根据一般情况确定的，没有考虑不同投标人的"个性"，投标人投标时应根据自身编制的投标施工组织设计或施工方案确定措施项目，对招标人提供的措施项目进行调整。投标人根据投标施工组织设计或施工方案调整和确定的措施项目应通过评标委员会的评审。

2）措施项目费的计算原则：

①措施项目的内容应依据招标人提供的措施项目清单和投标人投标时拟订的施工组织设计或施工方案；②措施项目费的计价方式应根据招标文件的规定，可以计算工程量的措施清单项目采用综合单价方式报价，其余的措施清单项目采用以"项"为计量单位的方式报价；③措施项目费由投标人自主确定，但其中安全文明施工费应按国家或省级、行业建设主管部门的规定确定，且不得作为竞争性费用。

（3）其他项目费。投标人对其他项目费投标报价应按以下原则进行：

1）暂列金额应按照其他项目清单中列出的金额填写，不得变动。

2）暂估价不得变动和更改。暂估价中的材料必须按照其他项目清单中列出的暂估单价计入综合单价；专业工程暂估价必须按照其他项目清单中列出的金额填写。

3）计日工应按照其他项目清单列出的项目和估算的数量，自主确定各项综合单价并计算费用。

4）总承包服务费应依据招标人在招标文件中列出的分包专业工程内容和供应材料、设备情况，按照招标人提出的协调、配合与服务要求和施工现场的管理需要自主确定。

（4）规费和税金。规费和税金应按国家或省级、行业建设主管部门的规定计算，不得作为竞争性费用。规费和税金的计取标准是依据有关法律、法规和政策规定制定的，具有强制性。投标人是法律、法规和政策的执行者，不能改变，更不能指定，而必须按照法律、法规、政策的有关规定执行。

（5）投标总价。实行工程量清单招标，投标人的投标总价应当与组成工程量清单的分部分项工程费、措施项目费、其他项目费和规费、税金的合计金额相一致，即投标人在投标报价时，不能进行投标总价优惠（或降价、让利），投标人对招标人的任何优惠（或降价、让利）均应反映在相应清单项目的综合单价中。

三、工程合同价款的约定

（1）实行招标的工程，合同约定不得违背招标文件中关于工期、造价、资质等方面的实质性内容。所谓合同实质性内容，按照《中华人民共和国合同法》第三十条规定："有关合同标的、数量、质量、价款或者报酬、履行期限、履行地点和方式、违约责任和解决争议方法等的变更，是对要约内容的实质性变更。"

在工程招投标及建设工程合同签订过程中，招标文件应视为要约邀请，投标文件为要约，中标通知书为承诺。因此，在签订建设工程合同时，当招标文件与中标人的投标文件有不一致的地方，应以投标文件为准。

（2）工程合同价款的约定是建设工程合同的主要内容。根据有关法律条款的规定，实行招标的工程合同价款应在中标通知书发出之日起30天内，由发、承包双方依据招标文件和中标人的投标文件在书面合同中约定。

不实行招标的工程合同价款，在发、承包双方认可的工程价款基础上，由发、承包双方在合同中约定。

工程合同价款的约定应满足以下几个方面的要求：

1）约定的依据要求：招标人向中标的投标人发出的中标通知书；

2）约定的时间要求：自招标人发出中标通知书之日起30天内；

3）约定的内容要求：招标文件和中标人的投标文件；

4）合同的形式要求：书面合同。

（3）合同形式。工程建设合同的形式主要有单价合同和总价合同两种。合同的形式对工程量清单计价的适用性不构成影响，无论是单价合同还是总价合同均可以采用工程量清单计价。区别仅在于工程量清单中所填写的工程量的合同约束力。采用单价合同形式时，工程量清单是合同文件必不可少的组成内容，其中的工程量一般具备合同约束力（量可调），工程款结算时按照合同中约定应予计量并按实际完成的工程量进行调整。由招标人提供统一的工程量清单则彰显了工程量清单计价的主要优点。而对总价合同形式，工程量清单中的工程量不具备合同的约束力（量不可调），工程量以合同图纸的标示内容为准，工程量以外的其他内容一般均赋予合同约束力，以方便合同变更的计量和计价。

《建设工程工程量清单计价规范》（GB50500—2008）规定："实行工程量清单计价的工程，宜采用单价合同方式。"即合同约定的工程价款中所包含的工程量清单项目综合单价在约定条件内是固定的，不予调整，工程量允许调整。工程量清单项目综合单价在约定的条件外允许调整，但调整方式、方法应在合同中约定。

清单计价规范规定实行工程量清单计价的工程宜采用单价合同，并不表示排斥总价合同。总价合同适用规模不大、工序相对成熟、工期较短、施工图纸完备的工程施工项目。

（4）合同价款的约定事项。发、承包双方应在合同条款中对下列事项进行约定；合同中没有约定或约定不明的，由双方协商确定；协商不能达到一致的，按《建设工程工程量清单计价规范》（GB50500—2008）执行。

1）预付工程款的数额、支付时间及抵扣方式。预付款是发包人为解决承包人在施工准备阶段资金周转问题提供的协助。如使用大宗材料，可根据工程具体情况设置工程材料预付款。

2）工程计量与支付工程进度款的方式、数额及时间。

3）工程价款的调整因素、方法、程序、支付及时间。

4）索赔与现场签证的程序、金额确认与支付时间。

5）发生工程价款争议的解决方法及时间。

6）承担风险的内容、范围及超出约定内容、范围的调整办法。

7）工程竣工价款结算编制与核对、支付及时间。

8）工程质量保证（保修）金的数额、预扣方式及时间。

9）与履行合同、支付价款有关的其他事项等。

由于合同中涉及工程价款的事项较多，能够详细约定的事项应尽可能具体约定，约定的用词应尽可能唯一，如有几种解释，最好对用词进行定义，尽量避免因理解上的歧义造成合同纠纷。

四、工程计量与价款支付

（一）预付款的支付和抵扣

发包人应按合同约定的时间和比例（或金额）向承包人支付工程预付款。支付的工程预付款，按合同约定在工程进度款中抵扣。当合同对工程预付款的支付没有约定时，按以下规定办理：

（1）工程预付款的额度：原则上预付比例不低于合同金额（扣除暂列金额）的10%，不高于合同金额（扣除暂列金额）的30%，对重大工程项目，按年度工程计划逐年预付。实行工程量清单计价的工程，实体性消耗和非实体性消耗部分宜在合同中分别约定预付款比例（或金额）。

（2）工程预付款的支付时间：在具备施工条件的前提下，发包人应在双方签订合同后的一个月内或约定的开工日期前的7天内预付工程款。

（3）若发包人未按合同约定预付工程款，承包人应在预付时间到期后10天内向发包人发出要求预付款的通知，发包人收到通知后仍不按要求预付，承包人可在发出通知14天后停止施工，发包人应从约定应付之日起按同期银行贷款利率计算向承包人支付应付预付的利息，并承担违约责任。

（4）凡是没有签订合同或不具备施工条件的工程，发包人不得预付工程款，不得以预付款为名转移资金。

（二）进度款的计量与支付

发包人支付工程进度款，应按照合同计量和支付。工程量的正确计量是发包人向承包人支付工程进度款的前提和依据。计量和付款周期可采用分段或按月结算的方式。

（1）分段结算与支付，即当年开工、当年不能竣工的工程按照工程形象进度划分不同阶段，支付工程进度款。

（2）按月结算与支付，即实行按月支付进度款，竣工后结算的办法。合同工期在两个年度以上的工程，在年终进行工程盘点，办理年度结算。

当采用分段结算方式时，应在合同中约定具体的工程分段划分，付款周期应与计量周期一致。

（三）工程价款计量与支付方法

（1）工程计量。

1）工程计量时，若发现工程量清单中出现漏项、工程量计算偏差，以及工程变更引起工程量的增减，应按承包人在履行合同义务过程中实际完成的工程量计算。

2）承包人应按照合同约定，向发包人递交已完工程量报告。发包人应在接到报告后按合同约定进行核对。当发、承包双方在合同中未对工程量的计量时间、程序、方法和要求做约定时，按以下规定处理：

①承包人应在每个月末或合同约定的工程段末向发包人递交上月或工程段已完工程量报告。②发包人应在接到报告后7天内按施工图纸（含设计变更）核对已完工程量，并应在计量前24小时通知承包人。承包人应按时参加。③计量结果：

a.如发、承包双方均同意计量结果，则双方应签字确认。

b.如承包人未按通知参加计量，则由发包人批准的计量应认为是对工程量的正确计量。

c.如发包人未在规定的核对时间内进行计量，视为承包人提交的计量报告已经认可。

d.如发包人未在规定的核对时间内通知承包人，致使承包人未能参加计量，则由发包人所做的计量结果无效。

e.对于承包人超出施工图纸范围或因承包人原因造成返工的工程量，发包人不予计量。

f. 如承包人不同意发包人的计量结果，承包人应在收到上述结果后 7 天内向发包人提出，申明承包人认为不正确的详细情况。发包人收到后，应在 2 天内重新检查对有关工程量的计量，或予以确认，或将其修改。发、承包双方认可的核对后的计量结果应作为支付工程进度款的依据。

（2）工程进度款支付申请。承包人应在每个付款周期末（月末或合同约定的工程段完成后），向发包人递交进度款支付申请，并附相应的证明文件。除合同另有约定外，进度款支付申请应包括下列内容：

1）本周期已完成工程的价款；

2）累计已完成的工程价款；

3）累计已支付的工程价款；

4）本周期已完成计日工金额；

5）应增加和扣减的变更金额；

6）应增加和扣减的索赔金额；

7）应抵扣的工程预付款。

（3）发包人支付工程进度款。发包人在收到承包人递交的工程进度款支付申请及相应的证明文件后，发包人应在合同约定时间内核对承包人的支付申请并应按合同约定的时间和比例向承包人支付工程进度款。发包人应扣回的工程预付款，与工程进度款同期结算抵扣。

当发、承包双方在合同中未对工程进度款支付申请的核对时间以及工程进度款支付时间、支付比例做约定时，按以下规定办理：

1）发包人应在收到承包人的工程进度款支付申请后 14 天内核对完毕。否则，从第 15 天起承包人递交的工程进度款支付申请视为被批准。

2）发包人应在批准工程进度款支付申请的 14 天内，向承包人按不低于计量工程价款的 60%、不高于计量工程价款的 90% 向承包人支付工程进度款。

3）发包人在支付工程进度款时，应按合同约定的时间、比例（或金额）扣回工程预付款。

（四）争议的处理

（1）发包人未在合同约定时间内支付工程进度款，承包人应及时向发包人发出要求付款的通知，发包人收到承包人通知后仍不按要求付款，可与承包人协商签订延期付款协议，经承包人同意后延期支付。协议应明确延期支付的时间和从付款申请生效后按同期银行贷款利率计算应付款的利息。

（2）发包人不按合同约定支付工程进度款，双方又未达成延期付款协议，导致施工无法进行时，承包人可停止施工，由发包人承担违约责任。

五、索赔与现场签证

（一）索赔

（1）索赔的条件。合同一方向另一方提出索赔时，应有正当的索赔理由和有效证据，并应符合合同的相关约定。建设工程施工中的索赔是发、承包双方行使正当权利的行为，承包人可向发包人索赔，发包人也可向承包人索赔。任何索赔事件的确立，其前提条件是必须有正当的索赔理由。对正当索赔理由的说明必须有证据，因为进行索赔主要是靠证据说话。没有证据或证据不足，索赔是难以成功的。

（2）索赔证据。

1）索赔证据的要求。一般有效的索赔证据都具有以下几个特征：

①及时性：既然干扰事件已发生，又意识到需要索赔，就应在有效时间内提出索赔意向。在规定的时间内报告事件的发展影响情况，在规定时间内提交索赔的详细额外费用计算账单，对发包人或工程师提出的疑问及时补充有关材料。如果拖延太久，将增加索赔工作的难度。②真实性：索赔证据必须是在实际过程中产生，完全反映实际情况，能经得住对方的推敲。由于在工程过程中合同双方都在进行合同管理、收集工程资料，所以双方应有相同的证据。使用虚假证据是违反商业道德甚至法律的。③全面性：所提供的证据应能说明事件的全过程。索赔报告中所涉及的干扰事件、索赔理由、索赔值等都应有相应的证据，不能凌乱和支离破碎，否则发包人将退回索赔报告，要求重新补充证据。这会拖延索赔的解决，损害承包商在索赔中的有利地位。④关联性：索赔的证据应当能互相说明，相互具有关联性，不能互相矛盾。⑤法律证明效力：索赔证据必须有法律证明效力，特别对准备递交仲裁的索赔报告更要注意这一点。

a. 证据必须是当时的书面文件，一切口头承诺、口头协议不算。

b. 合同变更协议必须由双方签署，或以会谈纪要的形式确定，且为决定性决议。一切商讨性、意向性的意见或建议都不算。

c. 工程中的重大事件、特殊情况的记录应由工程师签署认可。

2）索赔证据的种类。

①招标文件、工程合同、发包人认可的施工组织设计、工程图纸、技术规范等。②工程各项有关的设计交底记录、变更图纸、变更施工指令等。③工程各项经发包人或合同中约定的发包人现场代表或监理工程师签认的签证。④工程各项往来信件、指令、信函、通知、答复等。⑤工程各项会议纪要。⑥施工计划及现场实施情况记录。⑦施工日报及工长工作日志、备忘录。⑧工程送电、送水、道路开通、封闭的日期及数量记录。⑨工程停电、停水和干扰事件影响的日期及恢复施工的日期记录。⑩工程预付款、进度款拨付的数额及日期记录。⑪工程图纸、图纸变更、交底记录的送达份

数及日期记录。⑫工程有关施工部位的照片及录像等。⑬工程现场气候记录,如有关天气的温度、风力、雨雪等。⑭工程验收报告及各项技术鉴定报告等。⑮工程材料采购、订货、运输、进场、验收、使用等方面的凭据。⑯国家和省级或行业建设主管部门有关影响工程造价、工期的文件、规定等。

(二)现场签证

(1)承包人应发包人要求完成合同以外的零星工作或非承包人责任事件发生时,承包人应按合同约定及时向发包人提出现场签证。若合同中未对此做出具体约定,按照财政部、原建设部印发的《建设工程价款结算暂行办法》(财建〔2004〕369号)的规定,发包人要求承包人完成合同以外零星项目,承包人应在接受发包人要求的7天内就用工数量和单价、机械台班数量和单价、使用材料和金额等向发包人提出施工签证,发包人签证后施工,如发包人未签证,承包人施工后发生争议的,责任由承包人自负。

发包人应在收到承包人的签证报告48小时内给予确认或提出修改意见,否则,视为该签证报告已经认可。

(2)按照财政部、原建设部印发的《建设工程价款结算办法》(财建〔2004〕369号)等十五条的规定:"发包人和承包人要加强施工现场的造价控制,及时对工程合同外的事项如实记录并履行书面手续。凡由发、承包双方授权的现场代表签字的现场签证以及发、承包双方协商确定的索赔等费用,应在工程竣工结算中如实办理,不得因发、承包双方现场代表的中途变更改变其有效性。"《建设工程工程量清单计价规范》(GB50500—2008)规定:"发、承包双方确认的索赔与现场签证费用与工程进度款同期支付。"此举可避免发包方变相拖延工程款以及发包人以现场代表变更而不承认某些索赔或签证的事件发生。

第八章 建筑工程项目招标管理

第一节 建筑工程项目招标管理问题

最近几年，国内建筑行业实现了迅猛发展，而且朝着更加完善、规范的方向前进。在建筑工程之中，招投标这一工作不仅会对市场竞争具有的公平性造成直接影响，同时还会直接影响建筑工程整体建设质量。现阶段，国内建筑项目在招投标方面都存在管理不善的问题，这对建筑行业的持续发展造成较大影响。对此，建筑行业需要对招投标方面管理问题进行细致分析，并且针对具体问题提出相应的解决对策，进而促使建筑行业健康发展。本节在分析建筑行业项目招标方面管理现存问题的基础上，对解决建筑行业项目招标方面管理现存问题的对策展开探究，希望能给有关工作人员提供相应参考。

一、建设工程招标存在的问题

（一）招标文件编制存在漏洞

法律形式的项目招标，应当按照招标投标的有关法律规定进行。建设项目招标时，投标单位或者招标代理必须严格掌握招标文件的编制。在实际的项目招标投标过程中，虽然投标单位或招标代理已经通过自己对项目的了解准备了项目招标文件的内容，但其能力水平还远远不够。由于投标文件中投标单位的编辑能力参差不齐，项目投标过程中出现了大量与项目实际需要及相关法律、法规、政策的偏差。投标文件编制中存在的许多缺陷，给投标过程带来了严重的障碍和挑战。由于缺乏准确性，投标文件的编制未能为许多评标单位提供评价标准，导致投标过程操作不当，甚至评标不正常。

（二）招投标制度不完善

目前我国的招标规则和法律制度并不完善，市场监管机制还不够完善。我国虽然颁布了《招标投标法》，其规定对建筑工程市场具有一定的限制性和规范性作用。但从实际招标操作来看，该规定缺乏强制性规定，一些关键环节过于粗糙，可操作性不足，部分招标机构的非法经营和部分投标人的恶意竞争不会受到处罚。此外，许多政府部门在执法方面并不严格，并没有严厉打击非法经营和恶意竞争。惩罚措施相对较轻，不能达到预防措施的效果。同时，投标公司违反法律法规，导致投标市场混乱，违反了公开、公正、公平竞争的原则。投标管理部门只有在根据报告单位提供的信息审查报告单位的项目成本时才记录项目成本。由于缺乏严格的审计和检查，导致很多人钻法律的空子。

（三）招投标行为不规范

投标行为是否规范直接关系到招标投标的公平性，体现在投标单位和投标单位两个方面。按照《招标投标法》的规定，任何单位和个人不得对依法必须招标的项目进行修改，也不得规避招标，中标人不得将中标项目转让给他人。但是，有些招标单位采用各种方式伪造和违反公开招标项目的规定，将依法招标的建设项目分解或者分割成几个小项目，不符合招标要求，甚至请求避免公开招标。有些投标单位在招标后，以增加工作量和成本为借口，避免招标，妨碍施工项目招标，损害承包商利益。还有有些投标人只有在获得项目后才能进行报价，他们通常通过减少项目的报价，然后在施工过程中偷工减料，或者欺骗性地骗取中标项目。

（四）评标工作不规范

投标评价是投标工作的重要组成部分。目前我国尚未形成科学、有效、公平、合理的评标体系。鉴定专家的专业知识、法律知识和职业道德不高。一些专家甚至丧失了原则，寻求利润。他们不坚持公平的评估，妥协一些隐藏的规则，导致不公平的评估。评标是投标过程的核心，是项目标定的基础。评标是对投标人提交的投标文件进行分析比较，判断其优缺点，提取评标报告，并向中标人提出建议和意见。目前我国广泛采用的项目评价方法主要是综合评价方法。专家在评估活动中有很大的操作空间。评价的质量主要取决于评价专家的道德约束和道德规范。在当今复杂的环境下，道德约束力比较薄弱，评标专家在投标活动中的违法行为非常普遍。

（五）经济管理不规范

经济管理的过程中，主要结合招投标工作全面分析经济状况，明确未来发展趋势，对经济活动会产生直接影响。例如，在出现经济膨胀现象的时候，工程所在地的工资与物价会有所增加，与合同预期的数据相比，出现涨幅，货币会超出合同预期的贬值幅度，会引发严重的风险问题。同时，还会出现外汇方面的风险问题，如果工程所在地的外汇政策出现变化，汇率就会有所波动。应全面了解外汇管制特点，了解外汇比例情况，如果没有进行合理的分析，将会引发严重的经济损失，如果不能进行科学协调管控，将会影响整体工作效果，无法满足当前的经济发展与管理需求。

二、解决建筑行业项目招标方面管理现存问题的对策

（一）严格把控招标全过程

为确保招标公正公平，需要对招投标管理过程加以完善，可采用建立健全的信用监督管理体系，制定严谨的招标文件和符合项目特点的评标办法，政府职能部门事前应对招标文件中偏向性条款进行筛查，事中对开评标过程实行监督，实现招标、评标人员分离，堵住资料外泄的漏洞，完善事后投诉监督机制等一系列方式，以防其在招标期间出现违规行为。对于招投标过程中出现的失信行为采取零容忍态度，对失信的投标人员、单位可将其列入"黑名单库"，在信用平台上公示，限制其投标行为，严重者移交司法机关；对失信的评审专家实施不良行为量化积分，禁止其在一定期限内参加评标活动，严重者取消其评委资格，从而确保投标及招标过程可以有序开展。

（二）大力推行全过程电子招投标管理

电子招投标管理是指通过身份认证、电子签章等技术实现投标人网上竞标，招标人、评审专家线上评标的管理过程，具有低成本、跨区域、高效率及透明化的优点。在招标过程中，电子招投标系统不仅通过自动筛查 IP 地址判别投标文件是否由同一地区电脑上传，还能在清标时筛查出投标文件、工程量清单报价异常一致的情况，最后自动计算汇总各项评分，辅助评审专家判断是否围标串标。在招投标各环节全程留痕，所有资料自动归档，全程追溯，能做到动态监控、智能辅助、全程记录。

如今电子化的招投标方面的管理已经成为发展的必然趋势。通过对招投标的全过程实施电子化的管理，既能有效遏制各种围标套路，又能防止个别单位通过特定标记向评审专家传递信息，保障招投标流程合法合规。

（三）对投标单位进行严格监督及审查

招标单位需要组建专门的监督调查小组，对参与中标的单位的整体实力、资质、诚信记录、内部管理情况、财务情况以及技术设备等内容进行严格审查。一旦发现投标单位在财务、管理、诚信以及技术方面存在问题，严重者应取消其投标资格。如果符合要求，评委会可以结合投标单位整体实力以及标书质量按照一定比例进行打分，进而对中标单位进行综合评定。

此外，在发放中标通知书之前，针对拟中标单位还应进行"业绩复核"，即招标单位、监督单位派专人到拟中标单位标书中所列举的过往业绩实施地进行现场核查，对业绩的真实性、公司的履约能力等进行调查。如果发现与投标文件中实质响应性条件相违背的，应立即取消其中标资格，并将其列入政府机构的监督与诚信平台的"黑名单库"。这样一来，可以甄选出综合能力强的施工企业，并且对未来建筑施工整体质量加以保障。

综上可知，针对建筑工程来说，招投标过程中诸多乱象除了会对整个建筑市场未来发展造成影响之外，还会直接影响建筑施工整体进度以及质量。对于此，政府监督部门、招标单位需严格把控招标全过程，对投标单位进行严格监督及审查，并且大力推行全过程电子招投标来保证建筑市场交易的公平公正。只有这样才能为工程项目找到实力强劲的施工企业，建筑质量得以保证，同时促使建筑行业持续、健康发展。

第二节　建筑工程招标代理的质量管理

提高建筑工程招标代理的质量管理，对加强招投标的质量和规范建筑市场的交易行为具有很重要的意义。本节在陈述建筑工程招标代理的意义的前提下，主要对影响建筑工程招标代理的质量管理因素进行陈述，并对解决问题提出了笔者的个人观点和建议。

建筑工程的招标代理是一项复杂、系统、长期的工作，所涉及的领域非常广泛，比如规划设计、工程视察以及工程管理等。根据调查，建筑工程招标代理在这个行业发挥着非常重要的作用，很多大型建筑工程项目也都是采用这种公开招标的形式。

一、建筑工程招标代理的意义

招标代理工作质量的好坏对建筑工程的影响，不仅在于能否选择到一个好的承包商，而且在招标代理的关系终止后还将继续影响工程目标的实现。首先可以降低招标单位的招标风险，一般招标单位不具备相关的独立招标资质和编制招标文件的能力，如果自身组织招投标，编制的招标文件存在错误或不足，会导致招投标过程有阻碍甚至失败。既不能保证工作招标质量，也会造成过程中发生浪费现象，增加招标成本。其次，有利于规范招投标市场的交易行为，招标代理拥有专业招标人员，熟悉建设工程法律法规、招投标流程，能够大大提高招投标质量，做到按照法律法规和建设行政主管部门的要求进行招投标工作。最后，可以促进招投标工作的顺利进行与建筑市场的健康发展，工程建设的专业化是未来发展的趋势，由专业行业、专业人员做专业的事情，能够实现工程招标代理产业化、专业化。

二、影响建筑工程招标代理质量的因素

（一）相关法律法规未能及时更新

由于建筑工程招标代理的行业在中国起步比较晚，是近几年才发展起来的，因此有关机构在推行招标代理制度的时候实践经验还比较欠缺，加上相关的法律法规不够

健全，从而造成了现行法律法规存在一些漏洞。

（二）建设单位的外部干涉及规避公开招标

据调查显示，有很多建设单位在委托招标代理机构进行招标的过程中，常常以"外陪标、内定标"的方式干涉招标代理机构正常工作流程，委托人会要求招标代理机构按照委托人的意思来招标，否则就不把业务委托给招标代理机构。为了躲避公开招标，一些建设单位打擦边球，将应该依法招投标的过程项目进行拆分或者把项目化整为零，分成若干个小项目，使其达不到公开招投标的要求。有的利用项目的实施时间短来不及公开招标为由，改用邀请招标。

（三）招标代理机构的内部问题

我国的建筑工程招标代理行业和机构内部也都存在一些纰漏：招标代理机构的从业人员综合素质普遍不高，招标代理队伍的建设水平有限，不能出色地完成招标文件的编制、资格审查、评标定标工作。与招标人勾结，通过制定限制性要求或量身定制抑制潜在投标人。招标代理机构缺乏独立性，一般都是靠关系来获取代理业务。巧立名目把一些隐性项目以咨询费的名义收取高额的费用，在一定程度上败坏了市场诚信，阻碍了招标代理行业的健康发展。

三、提高建筑工程招标代理质量的建议

（一）加深自身性质的认识，保证常规服务周到细致

招标代理机构要做到常规服务周到细致。招标代理机构的常规服务包括和委托人沟通后发表招标公告、对投标单位进行资格审查，编制招标文件，组织开标评标，整理上报资料，协调合同签署与实行等方面。例如编制招标文件这个方面，一定要做到万无一失，周到细致。招标文件关系到招标工作能否顺利进行，也是整个招标过程所遵守的法律性文件，投标和评标都要以此作为依据，当然也是合同的一个组成部分。在对招标文件进行编制时绝对不能出现明显的错误，或者含糊其词的地方，不能有歧义和矛盾，各项条款都不能与投标人的利益相违背等，作为专业的投标代理机构，应该具有丰富的经验和广泛的投标商信息，要防止漏洞产生而给投标人可乘之机。

（二）提高服务意识，按规范程序组织招投标

一方面，招标代理机构应该严格按基本建设程序办事，编制一套完整的、规范的招标文件，要审核拟招标项目是否已进行到招投标阶段，项目的审批程序是否已经完成，资金是否已经落实，要确保招标过程的合法性，避免因为考虑不周而引发的争议，比如，资金问题、计价方法、评标方法、合同类型等。认真把关，严格审查投标单位的资质，细致地做好招标代理工作，防止招标失败。另一方面，招标代理机构也要提

高服务意识，保证常规服务周到细致。招标代理机构的常规服务包括与招标单位串通、发表招标公告、审查投标单位资格、编制招标文件、组织开标评标、整理上报资料、协调合同的签署与实行等。实行招标代理项目责任制，工程建设项目招标代理委托合同应明确从事本项目招标代理人员，并如实记录在招标代理业务手册中，报监督机构备案。严格代理合同备案制，招投标监督管理部门要认真核查委托代理合同是否规范、招标文件是否存在排斥潜在投标人的条款和是否允许招标人随意裁决的内容，检查招标程序是否规范。

（三）提高从业人员综合素质，建立信用考评机制，大力推行全程电子化招投标

建筑工程招标代理机构要想做到可持续发展，必须从自身的人才队伍建设开始，提高从业人员的专业水平和综合素质，重视对从业人员的继续教育，并且要求他们了解和掌握相关的法律法规。建立全行业的信用评价考核体系，实现信息共享。大力推行电子化招标，电子化招标平台的使用，增加了招投标工作的透明度，传统的招投标工作往往是少部分人能参与，因此，暗箱操作、串标、围标现象十分频繁，但是采用电子化招标技术后，多数社会公众均可在专用网站上看到招投标的进程，得到社会大众的监督，使得招投标的过程更加透明化、公正化，既节约了资源，又实现了资源的优化配置。同时通过招投标电子化的技术使招投标周期大大缩短，提高了招投标的办事效率。

总之，建筑工程招标代理行业的发展是市场经济发展的必然产物。健全招标代理行业市场发展机制、健全法律法规，解决招标代理行业及招标代理机构现阶段存在的问题，对于招标代理活动的顺利组织，推进工程招标代理行业和谐、有序、健康的发展起着至关重要的作用。

第三节 建筑工程招标采购管理

建筑工程项目成本造价管理中重要的一个环节就是招标采购管理。良好的工程招标采购管理能够有效提高工程的施工速度，提高工程建设质量，还能节省施工成本，有利于实现工程项目施工管理。在实践中，笔者积累了大量建筑施工工程招标采购管理的经验，本节在分析当前工程项目招标采购情况的基础上，对工程招标采购管理提出相关的优化建议，以促进我国工程企业招标采购管理效果不断提升。

一、建筑工程招标采购管理存在的问题

现阶段，我国建筑工程项目的种类以及数量急剧增长，这在一定程度上推动了我国建筑行业的发展进程，同时，其还增强了我国建筑行业在社会经济上所占据的价值地位。其建筑市场的竞争程度也随之变得越发的激烈，众多的建筑施工单位想要在其中一跃而出，就需要不断地强化自身的竞争实力，增强自身企业在市场中所占据的地位，不断地研发新型的施工方式以及施工技术，增加建筑设施的性能，以此来吸引客户，增加消费人群的数量。但是其所开展的建筑工程施工管理中会存在一定的施工管理问题，其中招标采购管理环节的问题比较严重，其会直接影响到整体的施工管理效果，对此，建筑施工单位应当注重对该环节的重视，不断地优化其施工流程，找出其所存在的各类问题，为其后续的施工做铺垫。

（一）观念层面

目前，我国大多数的建筑项目会使用到各类的技术设备等，所以建筑施工单位会过于关注其技术以及效率等方面的问题，其认为这些因素会直接影响其项目最终的经济收益，同时还会影响到自身企业的竞争力以及价值。在实际的建筑工程项目施工中，其经济效益主要取决于其项目中的人力、物力等是否可以发挥出其自身最大的效用，真正达到物尽其用、物有所值的目标。想要确保其工程项目开展的顺畅程度，就需要构建出一套较为科学合理的管理机制，但是，现阶段，我国建筑施工单位对建筑施工管理机制构建的重视程度低下，没有注重其管理的问题，这就使大量资源能源过渡被损耗，让其投入和资本产出不成正比，整体产出效益低下，另外，其还会在一定程度上制约其他方面的发展。

（二）施工管理制度

建筑工程项目具有极强的冗杂性，其所涉及的施工因素极为广泛，且其项目还带有极强的系统性，所以其实际所开展的规划以及计划等施工流程都需要施工机制的支

持保障。一个科学且严苛的管理机制会赋予其建筑工程项目专业化的特性，但是目前我国所开展的各类建筑工程项目中，所选用的施工现场管理队伍缺乏一定的公开透明性，其所构建的施工管理不够规范，这就使其施工现场问题的反馈速度极慢，无法及时有效地处理好各类施工问题，同时还会制约其处理各类事件的进度，这是发生意外施工事故最主要的因素。

（三）现场安全事故

近些年来，我国施工意外事故发生频率越来越高，这些事件的发生会和社会同情心底线相触碰，使社会对施工安全管理的呼声极为激烈，其相关的管理部门必须要积极主动地编制出安全管理规范机制，不断地提升其法律机制的执行力度。但是，在其作用下，我国建筑施工项目中所发生的施工事故仍旧比较多，主要原因就是管理人员以及施工人员自身的安全意识较为薄弱，对各类安全隐患的敏感性低下，时常会存在着侥幸的心理，不会严谨地对待自己的工作。另外，管理方也没有编制出较为完善的安全配置机制，所制定的安全培训要求也不够严格。

二、建筑工程招标采购管理的优化措施

（一）构建较为完整的科学行业法律体系

通过构建一套较为完整且科学性极强的法律机制来维持该行业的健康稳定发展状态。在建筑工程招标的行业中，想要提升其招标采购环节的工作质量以及效率，就必须要不断地完善相关的法律规章机制，在必要的情况下，还应当提升对各类违规行为的惩罚力度，严苛地设定惩处的规章制度，避免其产生违法问题。随着我国建筑行业的发展，建筑行业已经逐渐成了我国社会经济的主导行业，我国开始注重该行业的发展需求，更是颁发了和招标行为相关的规章法律，通过招标投标法的设定极大规范了建筑工程的招标工作。我国建筑行业的发展环境始终处以一个变化的状态下，如果仍旧使用原本的招标投标法进行招标行业的管理，是无法满足该行业的发展需求的，同时其对于该行业运行所起到的规范作用也会不断地降低，应当对其法律规章制度进行实时的改进，落实后续的法律机制，加大对其工作的重视程度。管理部门以及相关工作的执行人员需要在管理工作中找出违法违规的行为，同时对其进行较为严苛的查处，构建该行业的诚信档案，实时记录下违法违规的企业和个人，并对这些竞标单位进行诚信等级的划分。

（二）严格的竞标资格审查

企业应当不断地加大对投标人资格的审查力度，综合考察投标企业的资质以及业绩等，正确地推断出该企业的履约能力。通过竞标资格审查工作的开展来避免投标人

产生关联投标等的问题，这会影响到项目建设的质量。审核投标人的可信度，并对招标的资格以及财产的冻结状况进行分析。检查原始的证书，避免投标人伪造物料等行为，同时还应当对各类机械设备以及施工材料进行实物性的检查，防止其产生严重违规以及重大质量等事故。

（三）发挥标底的作用

标底是建筑工程招标采购工作的重要参数信息，其会影响到工程的竞标价格以及质量。另外，其标底还会受到工程项目性质的影响，其在招标工作中所起到的效用也会有所差异。因此，在设定标底时，相关的工作人员必须要以绝对严谨认真的工作态度进行，对其所制定出的标底进行严苛的保密，避免其在实际的招标工作中产生各类不公平的问题。

（四）选择供应商

招标采购成本的控制管理工作需要以供货厂商的选择为基准。首先，要对该建筑工程项目所能使用到的原材料、机械设备种类以及规格进行分析，确定出相关设备以及材料的多个供货厂商，不可以直接加工材料以及设备的供货渠道约束在某一个生产厂商。这种处理方式可以有效地减小建设项目在施工材料货源管理工作上的风险数值，采用良性竞争的形式来选择多个供货厂商。在保证原材料质量的基础上，有效降低购买价格，从而实现对原材料、设施设备的采购成本控制管理。在选择供货厂商的过程中，需要认真考察其原材料品质性能、生产水平与技术实力、原材料设施设备的各项合格资质、生产制造过程中的科学技术应用与制造加工实力。对供货厂商考察的过程中，还需要对其他相同、相似原材料、设施设备的供应厂商供货方式等内容进行分析和总结。

综上所述，建筑工程招标工作作为我国建筑行业运行中的一个重要环节，其管理质量和工作效率对整个建筑工程管理来说具有十分重要的意义，是确保建筑行业发展的重要因素，同时也是建筑行业工程水平提高的基础。因此，对建筑工程招标工作进行规范、加强对建筑工程招标工作的管理至关重要。在对工程招标工作进行管理时相关政府管理部门的监督和指导非常关键，在此基础上还需要执行管理工作的相关工作人员严格遵守招标管理的制度规范，对违规问题进行严厉处置，以促进招标规范性的增强，从而净化建筑行业发展的环境，为建筑行业的持续发展和国家经济发展水平提高奠定基础。

第四节　建筑工程项目招标风险管理

建筑工程项目招标竞争的激烈程度随着我国建筑行业的飞速发展变得越来越激烈，建筑工程项目招标工作对整个建筑项目的实施起着至关重要的作用。为了做好建筑工程项目招标工作，首先就需要对建筑工程项目招标的风险管理工作做深入研究。本节从建筑工程项目招标的定义、为什么要开展建筑工程项目招标工作、建筑工程项目招标的基本特征、建筑工程项目招标风险管理工作中存在问题的分析及其应对策略，以及取得的成效等几个方面做了具体的阐述。

建设项目一般跨度大、数量多、工期长，是一项复杂的活动。建筑工程招投标是建筑工程的重要组成部分。投标活动涉及面积大、工期短、质量要求高。这就对投标活动提出了更高的要求。

一、简述建筑工程项目招标的定义

建筑工程项目招标就是指，利用市场经济的竞争体制和技术经济的评定办法开展的一种有组织的、较为成熟和规范的交易手段。在建筑工程项目招标之前，招标人按照规范公布招标条件，事后邀请相应的投标人参与竞标活动，并按照提前制定的招标条件在相应投标人中选择更优秀、合适的投标人。因此，建筑工程项目招标是一种为了使投资的效益最大化的一种经济交易。

二、建筑工程项目招标的基本特征

（一）规范性和法律性

在建筑工程项目招标工作中，最主要的特征就是规范性和法律性，招标人以及相关人员应当在遵守法律法规的前提下，按照相关工作规范，做好项目招标工作。为了保证建筑工程项目招标工作的顺利开展，在项目招标的每个环节都应当制定规范的工作流程和标准。对于已经规范化的招标流程，不能随意更改，以免影响项目招标工作的顺利开展。

（二）公开性和正当性

建筑工程项目招标工作的第二个特征就是公开性和正当性，由于建筑工程项目招标工作的每个环节都涉及投资利益，所以为了避免不良影响，建筑工程项目招标工作应当具备一定的公开性和正当性。在建筑工程项目招标工作中，相关工作人员要及时公布招标对象、招标程序以及招标结果，确保投标人能够熟悉招标流程、获得招标结果。保障人员的知情权。在建筑工程项目招标工作中，应当公平对待每位投标人，保证每位投标人都能得到相同的建筑工程项目招标信息。同时建筑工程项目招标工作应当自觉接受有关监督部门的审查，避免不良交易的产生。

（三）不重复性

所谓不重复性就是指，在建筑工程项目招标工作中产生的交易行为不能重复，即一次性报价、一次性递交相关投标文件且不可更改其内容，也不允许撤销相关文件。

（四）择优选择性

作为建筑工程项目招标的第四个特征——择优选择性，主要体现在最后的选择环节上。此阶段，要求相关工作者要根据实际情况，在确保选择环节公开透明的基础之上，选择出最好的投标项目。此阶段所选择出的投标项目应当能够保证投资的最终收益。

三、建设工程招标风险管理的改进措施

（一）建立规范的操作流程

鉴于项目招标中存在的诸多问题，建立健全科学的运作流程，可以在相当程度上避免项目招标过程中出现不良问题，加强项目招标工作的严肃性，建立良好的投标机制。要科学合理地梳理近年来项目招标的巨大成果，总结科学的工作流程。同时，要加强项目招标管理，加强与各部门之间的工作交流与协调。在项目招标过程中，严格遵循公开、公平、公正的招标承包方式，坚决杜绝暗箱操作，当招标项目的初步数据准备不充分时，必须坚决拒绝。如果没有足够和完整的初步招标信息，将不接受或处理招标程序。

（二）建立健全制度

由于招标项目体系建设存在缺陷，现实中值得关注的是项目完全被招标现象所规避。因此，要加强制度建设，坚持系统招标、源头治理。决策层的关注和支持是做好招标的前提。应建立健全的招标制度，制定招标实施细则，建立一套完整的招标程序和配套监督机制，使招标工作更加阳光有效。

（三）提升招标文件的编制水平

目前，项目招标文件的总体能力不足。精细准确的招标文件可为后期招标工作的评标提供方向指导和准确依据。招标单位应当在招标文件中注明招标单位，编制的投标书应当划分为业务标准和技术标准。技术标准包括项目经理，近年来的项目绩效，财务状况，投标人资格以及从事类似项目的施工队伍的表现，投资的安全系统，质量保证体系，机械设备等。在项目中，有限的投标被添加到评分标准中。如果人们使用

不稳定报价策略的相关条件，如果报价和正常价格水平不同，则应减少其他报价单，作为不合格报价处理，甚至判断为报废。针对不稳定报价的制裁可以在一定程度上阻止投标人使用不平衡报价。因此，招标文件的水平应不断提高。

（四）提高评标专家的能力

评标专家在选择优化施工单位、加强评标能力方面发挥了决定性作用，具有重要意义。在评估过程中，可以考虑制定评估专家的联合声明，并实施评估结果的基于测试的管理。每次评标后，独立评标监督部门应重新审核整体评审工作，对评标的真实水平进行客观的评价，反复检查后，将选择最佳施工单位和符合标准的中标者。

（五）加大科技创新力度提升企业竞争力

在建筑企业发展过程中，需重视科技创新，增强核心竞争力，结合技术进步开展管理工作，在提升建筑施工质量与企业经济效益的情况下，保证企业核心竞争力。在招投标环节中，应编制完善的计划方案，结合企业规模与管理情况创建新的发展平台，在一定程度上可以促进各方面工作的合理实施。在科技创新的过程中，还需树立正确的风险管理观念，在科学防范风险的基础上，进行施工成本、周期与质量的相互协调，明确其中的重点内容，保证在严格控制劳动效率的情况下，增强企业的核心竞争力。

在解决技术和日常管理工作中，规范化是处理日常问题非常有用的办法，它能够影响到单位的成长发展水平，从而使成本和竞争力受到影响。因此，在单位的成长中落实标准化至关重要。

第五节　建筑工程招标控制价的管理

本节通过分析建筑工程招标控制价的形成机制，总结了建筑工程招标控制价的管理重点，指出招标控制价管理存在的问题并提出了对策。

一、建筑工程招标控制价的形成机制

建筑招标控制价是基于社会主义市场经济原理的产物，其管理同样要受到市场价值理论、货币理论和商品供求关系的支配。故而在建筑工程招标控制价的管理中就要用到工程技术、经济学、会计学、统计学、决策分析理论、概率论等理论知识，采用先进的工艺技术、科学合理的计算方法和有效的计价依据，合理确定工程价格，从而为建筑工程招投标的顺利实施夯实基础。

建筑工程招标控制价在工程量清单计价的基础上以"四个统一"为基础，依据相关工程定额编制工程量清单，准确使用各类费用定额和市场信息价，实行量价分离，

改变计价定额的属性，以最大限度地接近实际价格为目标。定额不再作为政府的法定行为，但是量要统一规制，由政府有关机构在社会平均生产力的基础上制定工程量计算规则和各类消耗、费用等定额，既协调解决了平衡发展的问题，又促进了建筑市场的公平有序竞争。价要市场化，循序渐进从定额法定价、政府指导价、市场价逐渐过渡，同时要考虑与国际接轨等问题。

二、招标控制价的管理重点

（一）招标控制价的共性管理重点

招标控制价不同于标底，无须保密。目前国内大部分省份的做法是采用不设标底而设招标控制价的模式。招标控制价不能超过批准的概算，是招标人的预期工程造价，也是投标的最高限价。招标人在发布招标文件时，不能只公布招标控制的总价，而应一并公布招标控制价的各组成部分。招标控制价的具体内容作为招标文件的重要组成部分，一经确定不得随意变动。

在编制招标控制价时应注意几点：（1）使用的计价标准、规范要准确，应采用国家或地方颁布的现行定额和规定。（2）材料价格应采用有效的工程造价信息。工程造价信息未包含的材料价格信息，应通过市场调查、询价等方式确定。（3）工程造价计价中定额或费用标准有规定的，按规定执行，不得随意改变标准或另立标准。

（二）招标控制价的分项管理重点

（1）分部分项工程费应根据设计文件、分部分项工程量清单项目的特征描述及有关要求编制。各分项工程的综合单价中应包含招标文件中要求投标人承担的风险费用。招标文件如提供了材料暂估价，则材料单价按暂估价计入综合单价。

（2）措施项目费应按招标文件中列出的措施项目计算相应费用。采用"分部分项工程"形式的措施项目，应计算其工程量和综合单价，按清单计价的模式计算费用。以"项"为单位的措施项目应综合所包含的全部费用，计算该项措施项目的总价。措施项目费中的安全文明施工费等项目费用应严格按照规定的标准计价，不得变动。

（3）其他项目费按下列规定计算：①暂列金额应根据工程特点、复杂程度、设计深度、工程条件等结合工程需要予以暂列，并入工程控制价。②暂估价包括材料暂估价和专业工程暂估价。其中材料单价可按工程造价信息或参考市场价格确定，专业工程按不同的专业工程分别估算。③计日工包括人工、材料和施工机械等内容。在编制招标控制价时，人工单价和施工机械台班单价应采用有效的费用定额和工程造价信息；材料单价则应采用工程造价信息或者市场询价等方式确定。④总承包服务费。招标人根据工程需要可在招标文件中提出总承包服务的要求。总承包服务管理的模式主要有三种，一是对分包的专业工程进行总承包协调的管理，二是对分包的专业工程进行总承包协调管理并同时提供配合服务，三是对"甲供材料"的管理。要根据总承包服务的方式和内容，结合价格信息、定额来确定总承包服务费。

三、招标控制价管理存在的问题及对策

（一）存在的问题

1. 定额水平滞后的问题

不论是传统的定额计价模式还是工程量清单计价模式，所采用的消耗量定额（计价定额）均应反映某个地区某个时期的社会平均水平。随着社会生产力的发展，社会劳动生产率不断提高，定额所依据的社会劳动、价格费用等水平落后于实际水平的问题就会逐渐显露出来。存在的问题是定额的人工、材料、机械的消耗量往往会高于实际消耗量，随着时间的推移，两者的差异还会更明显。当差异积累到一定程度，就迫切需要修订相关定额和规范性文件。

2. 信息价的实用性问题

招标控制价中的人工、材料、机械的价格一般采用工程造价管理机构等权威机构发布的信息价。众所周知，由于时间上的滞后往往会出现信息价偏离市场价的问题。信息价不能够完全反映出人工、材料、机械价格的真实水平，会直接影响招标控制价的权威性、准确性、实用性。

（二）解决问题的对策

1. 熟悉工程情况

工程现场情况主要包括施工现场的水文、地质、气候环境资料等。在充分熟悉现场情况的基础上编制科学、合理、可行的施工组织设计、施工方案等技术措施，并在此基础上准确计算分部分项工程费、措施项目费等费用项目，这些都是完成招标控制价成果的基础性工作，其重要性不言而喻。

2. 准确选用定额、及时完善定额，从而提高招标控制价的管理水平

在应用定额时，应充分重视定额说明和项目内容的描述，可以更好地帮助选择和使用定额。在工程实际中，应与设计人员保持充分的沟通，熟悉工程项目情况，为编制良好的招标控制价成果做出努力。遇到"四新"，定额和规范未涉及的内容，应采取审慎的态度，通过研究、实验、查阅资料等方式科学合理地确定相关内容。

3. 合理确定单价

单价的合理性对招标控制价成果影响很大。当工程造价的各类信息价与市场价存在差异，且超过规定范围时，应当做好人工、材料、机械使用的价格调研工作，及时补充完善各类价格信息，以便科学采用。因为材料费在招标控制价中所占的比重较大，所以应足够重视材料单价的采用。

　　我们要逐步解决招标控制价管理中出现的各类问题，方能使招标控制价更具有科学性、实用性和可操作性。通过有效管理招标控制价，进一步发挥市场竞争机制的优势，选择技术能力强、信誉可靠的承包商，更好地助力工程预期造价管理目标的实现。

参考文献

[1] 李艳荣. 建筑工程项目管理组织结构的设计 [J]. 建筑技术，2016，47（6）：565-567.

[2] 褚洪臣，李兰银，巩法慧，等. 建设项目施工阶段的工程造价管理 [J]. 水力发电，2012，38（5）：13-15.

[3] 齐先有，崔建华，李征，等. 项目成本管理控制在工程中的应用 [J]. 建筑技术，2012，43（11）：1035-1036.

[4] 谢文. 建筑工程设计质量的控制 [J]. 湘潭师范学院学报（自然科学版），2005，27（3）：93-95.

[5] 冯一晖，沈杰. 招标控制价的有关问题研究 [J]. 工程管理报，2010，24（4）：355-358.

[6] 韩美贵. 分析招标控制价的作用与编制原则探讨 [J]. 科技管理研究，2010，30（9）：201-203.

[7] 张福玉. 建设工程招投标中常见问题及处理措施 [J]. 中国矿山工程，2014，33（5）：43-45.

[8 杨之宇. 试论建筑工程质量监督管理体系 [J]. 建材发展导向，2013，11（7）：130-131.

[9] 丁平. 浅谈房屋建筑工程中常见缺陷的技术弥补措施 [J]. 山西建筑，2011，37（25）：90-91.

[10] 方健燕. 简述建筑设备安装工程质量通病的防治 [J]. 广东建材，2016，32（03）：26-29.

[11] 马心俐. 山东改造工程旧房质量检测 [J]. 山西建筑，2007，33（22）：89-90.

[12] 魏文萍. 建筑工程管理的影响因素与对策 [J]. 财经问题研究，2015，37（1）：69-72.

[13] 江伟. 建筑工程施工技术及其现场施工管理探讨 [J]. 江西建材，2016，36（2）：96，100.

[14] 李浩明. 浅析建筑工程施工质量控制措施 [J]. 科技信息，2012，29（31）：397.

[15] 唐坤，卢玲玲. 建筑工程项目风险与全面风险管理 [J]. 建筑经济，2004，25（4）：

51-54.

[16] 冯延业 . 分析建筑工程管理现状及对策 [J]. 商品混凝土，2013，10（1）：98，101.

[17] 梁思成 . 中国建筑史 [M]. 天津：百花文艺出版社，1999.

[18] 丁洁民，赵晰 . 职业结构工程师业务指南 [M]. 北京：中国建筑工业出版社，2013.

[19] 罗福午主编 . 建筑工程质量缺陷事故分析及处理 [M]. 武汉：武汉工业大学出版社，1999.

[20] 王赫 . 建筑工程事故处理手册 [M]. 北京：中国建筑工业出版社，1994.

[21] 范锡盛 . 建筑工程事故分析及处理实例应用手册 [M]. 北京：中国建筑工业出版社，1994.

[22] 邵英秀 . 建筑工程质量事故分析 [M]. 北京：机械工业出版社，2003.